ai

超シンプルなさとり方

人生が楽になる

ール
［翻訳］

徳間書店
5次元文庫
004

超シンプルなさとり方　目次

装丁　櫻井 浩（⑥Design）
カバー写真　河上 南
本文デザイン　岩田伸昭（⑥Design）

第１部

いまに生きることの意味

第1章

「大いなる存在」、そして「さとり」とは？

「大いなる存在」とはなにか？

みなさんがご存知《ぞんじ》のとおり、この世には、死を免《まぬか》れることのできない無数の生命形態が存在します。そして、これらのすべてを超越した、たったひとつの存在があります。この存在は、生まれることもなく、滅《ほろ》びることもありません。多くの人は、これを「神」と呼んでいますが、わたし自身は、これを「大いなる存在」と呼んでいます。

しかし、そうは言っても、「大いなる存在」という表現も、「神」という表現と等しく、そのほんとうの姿を描写しきっているわけではありません。ただ、この表現のほうが柔軟性があるというメリットのため、「大いなる存在」という表現のほうを使っているだけなのです。これならば、目で確かめることのできない無限の存在にレッテルを貼《は》って、その存在を限定してしまうこともありませんし、特定のイメージを連想してしまうこともないでしょう。しかも、誰も、それをひとり占めにはできないのです。

この、「大いなる存在」こそが、「人間の本質」です。わたしたちは、それを直接に感じることもできるのです。「わたしは、いま、ここに、こうして、存在する！」というのが、その感覚です。「大いなる存在」という言葉のほんとうの意味を理解したなら、「大いなる存在」を経験する日は、もう目の前です。

「大いなる存在」は、すべての生命を超越しているだけではありません。あらゆる生命の奥深くに、目には見えず、絶対に滅びることのない本質として、宿っているのです。つまり、「大いなる存在」は、人間のもっとも深いところに「ほんとうの自分」として存在しており、わたしたちはそれに「つながる」ことができるのです。

ただし、このことについて、「頭」（脳）を使って、「考えよう」とはしないでください。頭で理解できることには、限界があります。あなたの「思考」がピタリと止まっている時には、わたしの言葉の意味がわかるはずです。あなたが「いまに在《あ》る」時、言いかえれば、あなたが完全に、強烈に「いま」という時に集中していれば、「大いなる存在」を感じることができるでしょう。それは、人間の頭では、理解することはできません。「大いなる存在が、自分とともにある」という感覚を保ちつづけることが、「さとり」なのです。

「さとり」という言葉を聞くと、わたしたちは、「聖人君子《せいじんくんし》のみが達することのできる超人的な心境」だとか、「自分のような凡人《ぼんじん》には縁のないものだ」といった、先入観を抱《いだ》いてしまいがちです。しかも、あなたのエゴ（自我）も、あなたがそう解釈することを望んでいます。

しかし、真実は違います。「大いなる存在」とひとつであること、さらにこの状態を保つこと、これが「さとり」であり、本来はわたしたちにとって、自然な状態なのです。矛盾《むじゅん》しているように聞こえますが、「大いなる存在」は、本質的に「あなた自身」であると同時に、「あなたよりもはるかに偉大な存在」でもあります。さとりとは、あなたという人間の名前や形態を超えた、「ほんとうの自分」を見つけだすこと、とも言えるでしょう。

「大いなる存在」との一体感を感じることができないと、自分をとりまく世界から、自分が切りはなされている、という幻想がはじまります。「わたしは、ポツンと孤立した、ちっぽけなかけらのような存在にすぎない」という錯覚に、おちいるのです。すると、不安が頭をもたげるようになり、周囲との不和や心の悩みが、日常茶飯事になってしまいます。

「大いなる存在とひとつである」という感覚が得られない、一番の原因は、自分の思考を、「ほんとうの自分」だと思いこんでしまうことです。この思いこみのために、思考はコントロールがきかなくなり、勝手気ままに活動しているのです。自分の意志で思考活動に歯止めがかけられないのは、たいへんな苦痛です。しかし、ほとんどの人には、この習性が根強く染みついてしまっているので、それがごくあたりまえのことだと、わりきっています。ひっきりなしの思考の騒音が、「大いなる存在」とひとつになって、「心の平安」の境地に到達するのを、妨《さまた》げているのです。思考の暴走による弊害《へいがい》は、それだけにとどまりません。不安や苦しみをこしらえる、「にせの自分」をも、でっち上げてしまうのです。

思考を「ほんとうの自分」とみなす人は、「レッテル貼り」や「決めつけ」などの「くもりガラス」を通して、世界をながめています。そうすると、すべてのものがゆがんで見えるため、万物《ばんぶつ》に対して、真の関係を築くことができません。わたしたちは、この「くもりガラス」を、神や仲間であるべき人間や自然に対してはもちろん、自分自身に対してさえも、使っているものです。この「くもりガラス」こそが、「すべてのものは、はなればなれである」という、幻想を生む原因なのです。「わたしたちはみな別々の衣《ころも》をまとっている」という、見かけのレベルにとどまってしまい、そのレベルを超えた、「自分はすべてとひとつである」という根本的な真実を、すっかり「忘れて」しまっているのです。

思考力は、使い方次第では、人間にとって最高の道具になります。ところが、一歩「使い方を間違える」と、役に立たないばかりか、有害にさえなってしまうのです。より正確な表現をするならば、「使い方を間違える」のではなく、「まったく使っていない」という表現になることでしょう。なぜなら、思考の側が、わたしたちを使っているからです。思考を「ほんとうの自分」だと思いこむことは、大きな錯覚です。本来使われるはずの道具が、主人を使ってしまうことになります。

自由への第一歩は、思考は「ほんとうの自分」ではない、と認識することからはじまります。こうすれば、「思考を客観的にながめられる」ようになります。すると、高次の意識が活動を開始します。思考をはるかに超えた、果てしない「知性の世界」が存在することや、思考はそのごく小さな一面にすぎないことにも、気づくことができるでしょう。

そしてあなたには、「ほんとうにかけがえのないもの」が、見えはじめるのです。それは、思考とは別の源泉からわき上がる、「美しさ」、「愛」、「創造性」、「喜び」、「心の平安」です。その時、あなたは、このように感じることでしょう。「わたしは、やっと目を覚ましたのだ！」と。

どうすれば思考をコントロールできるのか？

ここで、みなさんに、素晴らしいことをお教えしましょう。わたしたちはみな、さとりを妨げる原因である「思考の束縛《そくばく》」から、自分自身を解放することができるのです。

さあ、いますぐ、最初のステップをふみ出しましょう。そのステップとは、できるかぎり、思考の「声」に耳を傾けることです。なん度もくりかえされるセリフには、特に注意を払いましょう。数年間にわたり、かけられつづけてきた「古いレコード」がないか、よく耳を澄《す》ませてください。これが、わたしの言う「思考を客観的にながめること」です。「頭の中の声に耳を傾ける」とか、「思考を見張《みは》る」と、言いかえてもよいでしょう。

この声を聞く時には、あれこれ批判せずに、偏《かたよ》りのない心で聞いてみてください。批判するという行為も、「思考の声」に変わりがないからです。偏りのない心で聞いていると、「自分には、ひとり言をする『声』があって、さらに、それを聞き、観察している『ほんとうの自分』がいる」ということが、だんだんわかるようになってきます。この、『ほんとうの自分』がいる」という感覚は、思考とは別のものであり、思考を超えた源泉から発せられているのです。

思考を客観的にながめていると、その行為をしている、「ほんとうの自分」の存在に気づきます。この気づきは、大きな意味を持ちます。あなたの意識が、新たなレベルに到達するからです。勝手気ままに活動していた思考はパワーを失い、「ほんとうの自分」に従うようになるのです。これが、無意識の思考活動を終わらせるための、第一歩です。

思考がおしゃべりをやめると、「無心状態」が生まれます。最初のうちは、無心状態は、ほんの数秒間しかもたないかもしれませんが、心がけ次第で、だんだんと、長くつづくようになります。無心状態の時には「心の平安」を実感するはずです。これこそ、普段は思考の雑音によってかき消されている、「大いなる存在」との一体感なのです。この状態は、本来人間にとって、ごく自然な状態であるべきものです。経験をつめばつむほど、平和の度合いは、よりいっそう深まっていきます。この度合いには、限界がありません。しかも、同時に自分の内奥《ないおう》から、魂の喜びがわき上がるのを感じることでしよう。これが、「在ること」の喜びです。

「大いなる存在」とつながった状態を、意識を失った恍惚《こうこつ》状態だと思いこんでいる人もいるかもしれません。しかし、実際は、まったく違います。「大いなる存在」とつながっている時には、思考と一体になっている時よりも、意識はずっと鋭敏であり、きちんと覚醒《かくせい》しているからです。この時のわたしたちは、完全に「在《あ》り」ます。エネルギーの波動は高まり、生命力も旺盛《おうせい》です。東洋では、これを「無心状態」と呼んでいますが、無心状態にさらに深くはいると、「完全意識」になります。このレベルに到達すると、「自分」の存在を、強烈に、しかも喜びとともに感じるため、思考、感情、肉体、外界など、あらゆるものの重要性が薄れてしまいます。しかし、自己中心的になるという意味ではありません。自我のない状態、つまり「無我の境地」になるのです。

この状態に到達すると、それまでの「自分」の認識を超え、より壮大な「自分」の認識を持つようになります。より壮大な「自分」である「大いなる存在」も、本質的には、わたしたちであることに変わりがないのですが、それは同時に、途方《とほう》もないほど、わたしたちよりも偉大なのです。

「思考を客観的にながめること」以外にも、無心状態をつくる方法が、いくつかあります。意識を一〇〇パーセント「いま」に集中させて、思考活動を遮断《しゃだん》するのも、そのひとつです。意識のすべてを、「いま、この瞬間」に向けてみましょう。そうすれば、思考活動をストップすることができ、「意識が鋭敏であると同時に、考えごとをしていない」という、「無心状態」になれます。この方法は、満足のいく結果をもたらすはずです。また、これは、瞑想《めいそう》の極意《ごくい》でもあるのです。

この方法を、日常生活の中で、どのように実践していくかについて、具体的にご説明しましょう。たんなる手段としておこなっている動作に、意識をすべて集中させるのです。すると、「手段」が「目的そのもの」に変わります。たとえば、家や会社で階段を上り下りする際に、呼吸はもちろん、その一歩一歩に、全意識を集中させるのです。これが、「完全に『いま』に在ること」です。

手を洗う時も、同じ要領でおこないましょう。どのような行動であっても、それをする時に自分が受ける感覚を、ひとつ残らず意識するのです。水の音を聞き、水が手に触れる感覚を味わい、せっけんの香りをかぐ、という具合です。車に乗る時も同じく、ドアを閉めた後に、ほんのわずかな時間でかまいませんから、じっと自分の呼吸を観察してください。「わたしは存在する」という、パワフルな感覚を楽しみましょう。

この方法が成功しているかどうかを知る目安は、この方法の実践から得られる、「心の平安」の度合いです。感じる度合いが高ければ高いほど、方法がうまく実践されている証拠です。

さとりをひらくには、どうすればいいのでしょうか？

結論を言いましょう。さとりをひらくための、一番肝心《かんじん》なステップは、「思考を『ほんとうの自分』とみなすのをやめること」です。絶え間なく流れている思考に「すきま」をつくるたびに、「意識の光」が輝き出します。そのうち、子供の無邪気ないたずらに笑みがこぼれるのと同じように、「頭の声」を、笑ってやりすごせる日がくるでしょう。これは、思考をあまり真剣に受けとめなくなっている、好ましいサインです。あなたはもう、思考によって、「自分」というアイデンティティをつくっていないということなのです。

「さとること」は「思考を超えること」

成長するにしたがって、わたしたちは、個人的・社会的環境に基づいて、「わたしは誰か」、というイメージを形成していきます。この「にせの自分」は、またの名を「エゴ」と言います。エゴは、思考活動によって、存在が成り立っています。つまり、エゴは、たえず考えることによってのみ、生きながらえるのです。エゴという言葉は、人によって解釈はまちまちですが、わたしが本書で使う場合には、自分でも気づかないあいだに思考を自分と同一視することでつくられる、「にせの自分」を意味しています。

エゴにとって「いま、この瞬間」という時は、存在しないも同然です。エゴにとっては、過去と未来がすべてだからです。エゴの世界では、真実がこのように一八〇度転倒してしまうことが、思考が正常に機能しなくなる原因です。エゴはなにがなんでも、過去を生かしておこうとします。過去がなかったら、自分がいったい誰なのか、わからなくなってしまうからです。

エゴは、先々の身の保障を確実にするために、未来の姿も、常に気にかけています。将来、なんとか重荷から解放されよう、目標を達成しよう、と必死なのです。エゴの口グセは、このような感じでしょう。「いつの日か、〇〇が実現したら、その時はじめてわたしはOK（幸福、平和など）になる」

エゴが一見、現在に注目しているように思えても、実際には違います。エゴはいつでも、過去というメガネを通して、現在をながめているからです。そのために、現実をひどくゆがめています。エゴは、現在を、ゴールに到達するまでの「通過地点」ととらえ、その価値を著《いちじる》しく損《そこ》ねています。しかし、ゴールというものは、いつでも頭の中にしか存在しない未来に属していて、現実ではありません。

「いま、この瞬間」が、さとりをひらくカギをにぎっているのです。思考とひとつになっているかぎり、「いま、この瞬間」を見極《みきわ》めることはできません。

さとりをひらくことは、思考を超えたレベルに到達することです。さとりをひらいてからでも、必要な時には、もちろん思考力を使います。でも、その使い方はさとりをひらく前よりも、ずっと効率的であり、集中しています。さとりをひらいた人は、目的がある時だけ、思考力を使うものです。しかも、自分でコントロールできない「頭の中の声」はなくなり、心には静けさがあります。

創造的なアイディアを必要とする時には、思考が活動した状態と、ピッタリと止まった状態とを、何分かおきに交互に経験するものです。これは「思考状態」と「無心状態」とも言えます。この方法でしか、わたしたちは、真にクリエイティブなアイディアを着想することはできません。無限に広がる意識の領域とつながっていない思考は、破壊的なものをつくりだしたり、時間がたたないうちに不毛になったりするものです。

感情の正体とは？

わたしが本書で使う「思考」という言葉は、考える活動以上のことを意味しています。無意識なリアクションのパターンや、感情をも含んでいるのです。感情は、心とからだの接点から発せられています。つまり、思考の状態に応じた、からだの反応なのです。思考の状態が、からだに対して、鏡のように映し出されたもの、と言えばわかりやすいでしょうか。

好き嫌いを言う、判断を下す、解釈するなどの思考活動を、「ほんとうの自分」とみなしているほど、感情エネルギーの消費量は、大きくなります。これは、どれだけ自分が「思考の見張り」をおこたり、「いま、この瞬間」を生きていないかを知る目安にもなります。自分の感情に鈍感《どんかん》な人や、感情を無視している人は、それを病気のかたちで実現化してしまい、感情をからだのレベルで自覚するはめになります。

自分の感情を知るのが難《むずか》しいなら、からだの内面にある「エネルギーの場」に、意識を集中させましょう。からだを内面から感じるのです。これで自分の感情を知ることができるはずです。

自分の思考の状態を、ほんとうに知りたいと望んでいる時には、からだはきちんと、正確な情報をフィードバックしてくれるものです。からだの内面にある感情を、正面からまっすぐに見据《みす》えてみましょう。むしろ、それを「感じとる」、と表現したほうが、ニュアンスがうまく伝わるかもしれません。

思考と感情のあいだに、明らかにギャップがあるならば、思考が「ウソ」で、感情が「ほんもの」です。感情は、その人の人間性を表わす真実だというわけではありませんが、それでも、その時点での「本音」であることは確かだからです。

潜在意識の活動を、すべて自覚できる人は、あまり多くはいないかもしれません。しかし、自覚されない潜在意識の活動は、かならず感情というかたちで、からだに反映されてきます。そこで、はじめて、潜在意識の活動に気づくのです。感情の観察の仕方も、基本的には、すでにご説明した「思考を客観的にながめる方法」と、同じ要領です。唯一の違いと言えば、思考活動が頭の中でおこなわれるのに対し、感情はからだの多くの部分と密接に結びついているために、主にからだで感じられることです。

くれぐれも、感情におどらされないよう、注意してください。感情は、あるがままにほうっておきましょう。そうすれば、感情そのものになってしまうことはなく、「感情を観察する人」になれるのです。これができるようになると、あなたの内面の無意識なものは、すべて意識の光に照らされ、明るみに出るようになることでしょう。

「いま、この瞬間」、わたしの心で、なにが起こっているだろうか？

このように、自問する習慣をつけましょう。この質問が、あなたを、適切な方向へと導いてくれるはずです。ただし、内面で起こっていることを、あれこれ分析しないでください。観察するだけです。感情に、意識を集中させるのです。感情のエネルギーを、感じましょう。もしも、感情が見つからないのなら、からだの内側の、もっと深いところを意識しましょう。そこが、「大いなる存在」への入口なのです。

第2章

「いまに在る」ことができれば、人生の苦しみは消える

「恐れ」の正体とは？

「恐れ」という心理状態は、目前の確固たる危険と、直接に関係しているわけではありません。「恐れ」は、不快感、不安、いらだち、緊張、心配、病的恐怖など、さまざまなかたちで表われます。この種の恐れの気持ちは、いつでも、「いま、起こっていること」ではなく、「これから起こるかもしれないこと」に対するものです。あなたがいるのは、「いま、ここ」です。それなのに、あなたは「未来」を見ているのです。このギャップが、不安などの、望ましくない意識を生む元凶《げんきょう》なのです。

自分の思考を「ほんとうの自分」だとみなして、「いまのパワー」を失い、「いまに在る」生き方を忘れてしまうと、恐れを「相棒」にしてしまいます。わたしたちには、たとえどんな時でも「いま、この瞬間」と協力するという選択肢があります。しかし、頭の中にしか存在しないイメージとは、協力することができません。未来は、わたしたちに、手を貸してはくれないのです。

恐れには、実にさまざまな要因が絡《から》んでいるものです。失うことへの恐れ、失敗することへの恐れ、傷つくことへの恐れなど、挙《あ》げていったらきりがありません。しかし、どんな恐れも、つきつめると、「エゴの恐怖」に帰着します。エゴは、自分の生命が「風前《ふうぜん》のともしび」だと、知っているからです。

たとえば、あなたの周りには、「議論でいつも勝たなければ気がすまない人」がいませんか？

この、ごくありきたりとみなされている習性も、もとをただせば、自分の思考を防衛する目的によるものです。自分の思考を防衛せずにいられないのは、思考を「ほんとうの自分」と錯覚しているからに、ほかなりません。つまり、思考にすがりついているエゴの恐怖に、由来しているのです。

エゴは、自分の存在価値を、頭の良さで測《はか》っているので、考えが間違っていると証明されようものなら大変なことになり、消滅の危機にさらされてしまいます。そのため、エゴとひとつになった人は、絶対に負けるわけにいきません。

自分の主張の正当性をめぐって、幾多《いくた》の闘争が起こり、数知れない人間関係が破綻《はたん》してきました。思考をアイデンティティ（自分らしさ）から切りはなしてしまえば、自分が正しいかどうかはどうでもよくなり、負けたからといって、アイデンティティがゆらいだりすることもありません。「絶対に自分は正しくないといけない」という強い感情（いわば感情の暴力）を、抱くことはなくなります。考えや気持ちを明確に伝えることはあっても、攻撃的になったり、身構えたりすることはなくなるでしょう。思考ではなく、自分の内側にある「大いなる存在」を、アイデンティティにしているからです。したがって、自分がわずかでも「自己防衛」していると気づいたら、注意しましょう。

あなたは、いったい、なにを守ろうとしているのでしょうか？

それは、「にせの自分」、「頭の中のイメージ」、「空想上の存在」などではないでしょうか？

自分の行動を観察し、自己防衛していると気づいたら、あなたはその行動をやめることができるでしょう。意識の光に照らせば、無意識のパターンは消え去ります。これによって、人間関係を台無しにする論争や権力闘争のすべてに、ピリオドを打つことができます。他者をおさえつけようとするパワーは、強さという仮面をかぶった、弱さでしかありません。真のパワーは自分の内面にあり、それは誰にでも、手の届くところにあるのです。

いま苦しみをこしらえるのを、やめる方法

思考は「いま、この瞬間」を嫌っているので、いつも、そこから逃げようとしています。つまり、思考を「ほんとうの自分」とみなせばみなすほど、苦しみは増すばかりなのです。しかし、それは、見方を変えると、「いま、この瞬間」をあるがままに受けいれるほど、痛みや苦しみはなくなるということなのです。

自分にも、人にも、もう痛みを与えたくないならば、そして、自分の中で生きつづけている過去の「痛みの残りかす」を、もうこれ以上増やしたくないならば、とるべきステップは、ただひとつです。それは、「時間の概念を捨てること」です。普段の生活の

中で、必要以上に時間にとらわれないよう心がけるだけで、人生が変わってくるはずです。

実際にどうすれば、時間の概念を捨てられるのでしょうか？

それは、「いま、この瞬間」以外は、存在しないのだという事実を、心の底からさとることです。「いま、この瞬間」に焦点《しょうてん》を当て、これを人生の真ん中に据《す》えるのです。

これまでは、「時間の世界」に住み、「いま、この瞬間」には、時おりおとずれる程度だったはずです。これからは逆に、「いま、この瞬間」を「すみか」とし、物事を解決するのに必要な時だけ、「過去」と「未来」をおとずれるのです。いつでも、「いま、この瞬間」を、「Ｙｅｓ！」と言って抱きしめるのです。

「時間は幻」だと理解しよう

時間の概念を、捨てましょう。時間は、幻にすぎないからです。時間と思考とは、言わば「一心同体」で、互いにはなれることができません。頭から時間の概念をとりはらうと、思考活動はぴたりとやみます。

つまり、「思考とひとつになる」ことは、「時間のわなにはまる」ことなのです。そうすると、ほぼ自動的に「記憶」「期待」「不安」だけを糧《かて》にして、人生を送るようになります。過去と未来にばかり没頭《ぼっとう》し、「いま、この瞬間」というものを貴《とうと》ばず、ありのままに受けいれようともしません。過去をアイデンティティのよりどころにし、未来を目標達成の道具にして、執着心《しゅうちゃくしん》を抱くようになります。「過去も未来も幻である」ということこそが、真実なのです！

時間に、つまり「過去と未来」に焦点を当てるほど、もっとも貴い「いま」を、見失ってしまいます。

なぜ、「いま」が、一番貴いのでしょうか？

答えは簡単です。「いま」こそが、「唯一《ゆいいつ》のもの」だからです。存在するのは、それだけです。永遠の「いま」こそが、わたしたちの人生のすべてがくりひろげられ、内包《ないほう》された空間であり、唯一の現実なのです。「いま、この瞬間」が、人生なのです。人生は、「いま」だけなのです。

わたしたちの人生が、「いま」でなかった時などありませんでしたし、これからもずっと、あり得ません。わたしたちに、思考の世界を超えさせてくれるのは、「いま」という時だけです。「いま」だけが、時間とかたちを持たない「大いなる存在」につながることのできる、唯一の時なのです。

これまであなたは、「いま」以外の時に、なにかを経験したり、おこなったり、考えたり、感じたりしたことが、あったでしょうか?

これからも、そうすることがあると思いますか?

「いま」以外の時に、なにかが起きたり、存在したりすることは可能でしょうか?

答えは、言うまでもありませんね。

過去には、なにひとつ起こっていません。

起こったのは、「いま」なのです。

未来には、なにひとつ起こりません。

すべては「いま」、起こるのです。

わたしがここで説明していることは、頭で理解できるたぐいのものではありません。これを把握した瞬間、思考から「在ること」へ、そして時間の世界から「いま」へと、意識の変化が起こります。すると、すべてのものが、生命力にあふれ、エネルギーを発し、「大いなる存在」とつながっているのが、はっきりと見えてくるはずです。

第3章

「いまに在る」生き方が、さとりをひらく

「いまのパワー」と、つながろう

「時間の世界」を超える、つまり「いまに在る」と、これまでとは違う、新しい見方をするようになります。それは、万物に宿る生命が、はっきりとわかる見方です。生命の神聖さや神秘を理解し、すべてをあるがままに貴び、すべてに深い愛情を注ぐ見方なのです。

「いま、この瞬間」を否定したり拒絶してしまう、これまでの習慣を、脱ぎ捨てましょう。そのかわりに、必要以上に過去と未来を見ないことを、新たな習慣にするのです。日常生活の中で、可能な限り、「時間の世界」の外に出るようにするのです。

「いまに在る」のが困難な時は、「いま」から脱《ぬ》け出したがる思考を、観察することからはじめてください。すると、たいていの場合、思考が悲観的、あるいは楽観的な未来をイメージしていることに、気づくものです。想像の中の未来が明るいものなら、希望や快《こころよ》い期待感をもたらしてくれます。逆に、もしも悲惨《ひさん》なものなら、不安感がわき上がってきます。しかし、いずれにしても、それは幻にすぎません。

このように思考を観察すれば、自動的に、「いまに在《あ》る」ことができるようになります。「しまった！『いま』に在《い》ない！」と気づいた時には、わたしたちは「いまに在る」状態にいます。自分の思考を観察できている時には、もはや思考の「わな」に、はまっていません。

どんな場面でも、自分の反応や、思考と感情の動きを観察して、「いま」に在りましょう。少なくとも、自分に反応を起こさせた人や物事に対して払うのと同じくらい、自分の反応に対しても、関心を払うようにしたいものです。

また、自分がどれほど過去や未来に照準を合わせているかも、観察しましょう。ただし、観察する対象に評価を下すことや、分析することは、必要ありません。自分自身の過失とみなすことも、やめましょう。思考を見張り、感情を感じ、反応を観察するだけで、十分です。すると、自分の内面にあるパワフルな「なにか」を、感じはじめるはずです。思考の奥にある、じっとしていて動かない存在です。

強い感情エネルギーで反応してしまった時には、普段にもまして、「いま」に在《い》なければなりません。自分のイメージがおびやかされる、恐れを抱くような試練に直面する、計画が狂いだす、コンプレックスがわき上がってくる、などの状況で、わたしたちは、しばしば、感情のおもむくままに行動します。自分を正当化し、誰かを悪者にして攻撃するのです。この一連のことをおこなっているのは、「ほんとうの自分」ではありません。思考が、習性として、おこなっているのです。

思考を「ほんとうの自分」とみなすと、思考のエネルギーは、さらにパワーアップされます。逆に、思考を観察すれば、思考のエネルギーは弱まります。

思考とひとつになることは、「時間の世界」に住むことを意味します。逆に、思考を観察すれば、時間のない次元が開けてくるのです。「いまに在る」ことが、どういうことなのか、経験的につかめば、時間を必要とする時以外には、「時間の世界」から自由に脱け出すことができるようになります。しかも、時間を使わなければならない時に、その能力を損なうこともありません。むしろ、その能力が高められるのです。いざ思考を使う時には、いっそう、とぎすまされたものになり、集中して使えるようになります。

「時間の概念」を手放そう

実用的な目的で時間を活用し（これを「時計時間」と呼ぶことにします）、用事がすんだあとには、ただちに「いまに在る」意識に戻る方法を、身につけましょう。こうすれば、「心理的時間」を、心に積もらせることはありません。「心理的時間」とは、過去と未来を、自分だとみなしてしまうことです。

さとりをひらいた人の意識は、常に、「いま」に注がれています。しかし、このような人たちも、意識のかたすみに、ちゃんと時間をおいています。言いかえるなら、「時計時間」を活用しているものの、決して、「心理的時間」にまどわされてはいないのです。

目標を定め、それに向かって努力するなら、それは「時計時間」を使っていることになります。自分がどこに向かっているかを認識したうえで、「いま、この瞬間」に自分がとっているステップに、すべての意識を集中させている状態です。
一方、もしも幸せや、充実感や、立派なアイデンティティなどを求めて、ゴールだけに焦点を絞ると、「いま」を軽視していることになります。「いま」が、未来に到達するための、価値のない、ちっぽけな踏み台になってしまうのです。「時計時間」は、「心理的時間」に姿を変えます。人生の旅は、もはや「冒険」ではなくなり、味気《あじけ》ない「義務行為」になり果てます。プレゼントの包みを開ける時のような、わくわくした気持ちは失われ、道ばたに咲く花々に目をとめたり、その甘い香りをかごうとしたりすることもありません。「いまに在る」時には、周囲で、万華鏡《まんげきょう》のようにくりひろげられる美や、生命の奇跡に気づくものですが、そんな体験もできないでしょう。

あなたは、いつも「いま」から逃れ、どこかへ行こうとしていませんか？
あなたがしていることのほとんどは、目的を達成するための手段でしょうか？
ゴールは、いつも、すぐ目の前のものですか？

それは、セックス、食事、飲酒、ドラッグ、スリルなど、つかの間の快楽ですか？

あなたはいつも、目的を達成することや、なに者かになることに、焦点を当てていませんか？

あるいは、とっかえひっかえ、新しいなにかを求めていませんか？

もっとなにかを手に入れれば、もっと自分が満たされ、価値ある人間になり、精神的に成長するのでしょうか？

理想のパートナーさえ現われれば、人生は意義あるものになるのでしょうか？


思考とひとつになっていると、「心理的時間」が、「いまのパワー」、すなわち無限の創造力に、フタをしてしまいます。さらに、人生から、活気、新鮮さ、驚きといった感覚が失われます。思考が同じパターンの台本をつくり、似たような感情、行動、反応、欲望を、くりかえし演じてしまうからです。たしかに、これでアイデンティティのようなものは得られますが、それと同時に「いま」という現実をゆがめ、ヴェールでおおいかくしてしまいます。すると、心は不満だらけの「いま」から逃避しようとして、未来に夢中になってしまうのです。

しかし、実際のところ、未来というものは、たいてい、現在の「コピー版」にすぎません。わたしたちが未来とみなしているものは、現在の意識の状態を反映したものだからです。表面的な変化は、たしかにあるかもしれませんが、本質的な変化ではありません。本質的な変化が起こるかどうかは、過去を溶かしてしまえるほど、あなたが「いまに在る」かどうかに、かかっているのです。

現在のあなたの心が、過去の重荷を背負っていると、未来にも同じようなことを、いっそう強く経験するようになります。「いま」の自分の意識が、未来をつくっているからです。それをしているのも、もちろん「いま」なのです。

それでは、いったいどうすれば、現在の意識を高められるのでしょうか?

答えは簡単です。「いまに在る」ことです。真の変化が起こり得る唯一の時は、「いま」であり、過去を溶かせる唯一の場所も、「いま」しかないからです。

「『時間』が苦しみと問題の原因である」ということは、にわかには信じられないかもしれません。「人生で起こる出来事が原因だ」というのが普通ですから、みなさんがそう信じたがるのも、無理はありません。しかし、思考の機能障害である「過去と未来へのしがみつき」と「いまの拒絶」に対処しない限り、問題は、「一難《いちなん》去ってまた一難」というパターンを、永遠に描きつづけるでしょう。

奇跡的にも、あなたがすべての問題や、苦しみと不幸の原因を、今日一日のうちに取りのぞけたと仮定しましょう。それでも、もっと「いまに在る」生き方をしなければ、間もなく問題や苦しみをもたらす、似たような状況に直面することになります。まるで影のように、どこまでも、あなたについてくるのです。つきつめると、問題はひとつに絞られます。それは「時間にしばられた自分の心」です。

さとりとは、「そのうちに」ひらけるものではありません。わたしたちは、「未来に」自由になることはできないのです。「いまに在る」ことが自由への鍵《かぎ》であり、わたしたちが自由になれるのは、「いま」しかありません。

さまざまな出来事の根底にある「人生」を見いだそう

わたしたちが一般に「人生」と呼んでいるものは、厳密に言うと、「人生の状況」です。それは「過去」と「未来」という、心理的時間の中に存在しています。あなたはいま、「なんて、わたしは不幸なんだろう」と感じているかもしれません。でも、あなたがほんとうに「いまに在る」なら、不幸でいることなど不可能です。

過去に、あなたの思いどおりにいかなかった出来事があったのでしょう。それで、あなたはその出来事に抵抗し、「すでにそうであるもの」から、「いま」目をそむけているのです。希望は、たしかにあなたを前に進ませるかもしれませんが、あなたの意識を、未来にくぎづけにしてしまいます。未来に焦点を当てつづけると、「いま」への拒絶もつづき、したがって不幸も永久になくなりません。

ここで、「人生の状況」のことは、ちょっと忘れて、「人生そのもの」に目を向けてみてください。

「人生の状況」は、時間の中に存在します。

あなたの人生は、「いま」です。

「人生の状況」は、「思考の産物」です。

あなたの人生は、「現実」です。

「人生にいたる狭き門」を、見つけましょう。それは、「いま」という名前です。あなたの意識を、「いま、この瞬間」へと、せばめてください。たしかに、あなたの「人生の状況」は、問題だらけかもしれません（ほとんどの人の「人生の状況」がそうなのですから）。

しかし、「いま、この瞬間」に、なにか問題がありますか？

明日ではなく、十分後でもなく、たった「いま」、なにか「いま」問題がありますすか？

思考が問題にまみれている時には、アイディアやひらめきが、はいりこんでくる余地もありません。ですから、できるかぎり、自分の内面に、ある程度はスペースをつくるようにしましょう。そうすると、さまざまなごたごたの根底にある「人生」が見えてくるものです。

感覚を、とぎすませましょう。自分が「いま」いるところに、完全に「在り」ましょう。少し、周りを見渡してみてください。判断を下さないで、ただ、ながめるだけです。光を、かたちを、色彩を、風合いを、感じましょう。すべてのものに息づく、「大いなる存在」に、気づきましょう。音に、耳を澄ませてください。決めつけをしないで、音の根底にある静けさを感じとってください。なにかに触れてみましょう。なんでもいいですから、手触りを感じ、そこにある「大いなる存在」を認識しましょう。

そして、自分の呼吸のリズムを観察しましょう。出たりはいったりする、空気の流れを感じてください。からだの内側の、生命エネルギーを感じてください。自分の内側のものも、外側のものも、すべてをあるがままに受けいれましょう。さらに強烈に「いま」に在りましょう。

あなたは、蜃気楼《しんきろう》のような、思考と時間がつくる世界をあとにします。あなたは時間という夢から目覚め、ようやく「人生」という現実を、生きはじめるのです。

すべての問題は、思考がつくりだす幻想

「いま」に、意識を集中させてください。

「いま、この瞬間」に、問題はありますか？

どんな問題があるか、挙げてみてください。

答えがありませんね。

それで、いいのです。「いま」に完全に意識を集中させていれば、問題をかかえることなどできません。処理すべき、受けいれるべき状況は、たしかにあるでしょう。しかし、なぜ「状況」を、問題へと変えてしまうのでしょうか。どうして、わたしたちは、なんでもかんでも、問題にしてしまうのでしょうか。その理由は、「思考」が「問題」を愛しているからです。

なぜでしょうか?

それは、問題が、思考に存在価値を与えるからです。

これは、人間にとって、ごくあたりまえのことであると同時に、「苦しみと不幸の根源」でもあります。「問題をかかえている」ということ自体、意識が「人生の状況」にどっぷりつかり、気づかないうちに、それが自分の一部になってしまっていることを意味します。人生で遭遇する「状況」に圧倒されるあまり、ほんとうの意味での「人生」を失ってしまっているのです。または、「いま」できる、ひとつのことに集中するかわりに、「自分がこれからやるべき百のこと」という「重荷」を背負って、自分で自分の心を押しつぶしているのです。

問題をこしらえるということは、すなわち、痛みをこしらえることです。痛みをこしらえたくないなら、わたしたちがとるべきステップは、ただひとつ、とても簡単な決断をすることです。「どんなことが起きようと、わたしはもう二度と、『状況』を『問題』に変えて自分に痛みを与えるようなことはしない！」と、決断することです。

とても簡単に聞こえますが、天地がひっくり返るくらいの改革です。「痛みはもうこりごりだ」と心底感じていない人や、「散々な目にあった」と思っていない人は、その決断をしないかもしれません。自分に痛みを与えない人は、人にも痛みを与えないものです。問題をこしらえるという望ましくないエネルギーで、美しい地球や、人間の集合意識を、汚染することもなくなります。「いまのパワー」につながらなければ、この改革は実行できません。

たとえ、「いま」対処すべき状況が持ち上がっても、「いまに在る」かぎり、行動は的を射たものになります。そのほうが、ずっと、良い結果も出ます。過去の経験によって条件づけられた思考で反応するのではなく、洞察力に基づいて行動するのです。なにもせず、じっと「いまに在る」ほうが、へたに行動するよりも、よっぽど効果的だと判断することもあるでしょう。

「いまに在る」喜び

自分が「心理的時間」にとらわれているかどうかを検査できる、簡単なテストがあります。こう自問するのです。「わたしがしていることに、喜び、安らぎ、楽しさはあるだろうか？」と。

もしも答えが「ノー」なら、それはあなたが、「人生」を「重荷や苦闘」だとみなしているために、「いま」を時間でおおいかくしてしまっている証拠です。

たとえ自分がしていることに、喜びも、安らぎも、楽しさも感じられないとしても、それは、必ずしも、行動そのものを変えなければいけないという意味ではありません。「どのようにおこなっているか」を変えるだけで、十分かもしれないのです。「どのようにおこなうか」は、「なにをおこなうか」よりも、常に大切です。おこなうことで達成できる結果よりも、行動そのものに焦点を当てるようにしましょう。なんであれ、あなたの意識を、できるだけ、いまの瞬間が運んできたものに向けるのです。「いま」を、あるがままに受けいれるのです。なにかに完全に意識を集中し、同時にそれを拒絶することなど、できないからです。

「いま、この瞬間」を尊重したとたんに、不幸と苦悩はすべて消え去り、人生は喜びと安らぎとともに、スムーズに流れはじめます。「いまに在る」意識で行動しているかぎり、あなたのすることはみな、どんなささいな行動でも、高潔《こうけつ》、思いやり、愛が原動力になります。

行動の結果だけに、こだわってはなりません。行動そのものに、意識を集中させるのです。そうすれば、結果はついてくるものです。これは、精神を鍛錬《たんれん》するために、大きな威力を発揮します。

「いま」から逃れようとあがくことがなくなると、「在ること」の喜びが、行動すべてにあふれはじめます。意識を「いま」に向けると、「心が安らかだ」「自分が存在している」「自分がぴったりと静止している」、と感じます。この境地に達すると、もう未来に満足感や達成感を求めたりはせず、未来に「さとり」を求めたりもしません。物事の結果に、執着しなくなるのです。失敗も成功も、「わたしは在る」という確かさを、ゆるがしたりしません。あなたはついに、「人生の状況」の奥に存在する、「人生」を見いだしたのです！

心理的時間にとらわれていないと、過去ではなく、「大いなる存在」をよりどころにして、自分のアイデンティティをつくります。そうすると、もはや「ほんとうの自分」以外の誰かになろうという欲求は、起こりません。「人生の状況」という点では、わたしたちは、物質的に豊かになったり、知識を蓄《たくわ》えたり、成功したり、重荷から解放されたりするかもしれませんが、「人生」という、より深いレベルでは、「いま、この瞬間」に、すでに完全無欠なのです。

「いま」を失うことが、間違いのはじまり

時間は幻である……これが真実であるとわかるためには、からだで覚えることです。からだの細胞のひとつひとつが、強烈に「いまに在《あ》る」ために、生命エネルギーがあふれ出し、人生のあらゆる瞬間が、喜びと感じられるようになれば、その時あなたは、ほんとうの意味で時間から解放されている、と言えます。

時間から解放されると、アイデンティティを求めて過去にしがみつくことをやめ、目標達成を求めて未来にしがみつくこともやめます。これは、あなたの想像をはるかに超えるほど、ダイナミックな意識の変容です。

時間にしばられない意識を一度でも体験すると、その後はその状態と、「時間にしばられた意識」の状態を、交互に体験するようになります。自分が「いまに在《あ》る」時が、どれほど稀《まれ》であるかにも気づいて、驚くかもしれません。

それでも、がっかりしないでください。自分が「いまに在《い》ない」と気づくことは、大きな進歩だからです。たとえその状態が、時間にしてほんの二、三秒だとしても、そう気づいた時のあなたは、「いまに在り」ます。いったんそれに気づくと、しだいに、過去や未来よりも「いま」に焦点を当てる回数を、みずから増やすようになるものです。数秒ではなく、もっと長く「いま」にとどまれるようになるでしょう。「いまに在る」状態を、しっかり確立させられるまでは、「いまに在る状態」と、「無意識状態(思考を自分自身とみなしている状態)」のあいだを、振り子のように行ったり来たりするのが普通です。「いま」を失ってはとりもどし、また失ってはとりもどすのくりかえし。最終的には、「いまに在る」状態が優勢になります。

第4章

「無意識状態」から脱け出そう

「いまに在る」ようになるための手順

まずは、比較的物事がスムーズに運んでいる時に、「いまに在る」よう心がけましょう。言いかえるなら、「意識的に生きる」のです。そのようにして、「望ましくない状況」にあっても「無意識状態」にはならないよう、「いまに在る」能力をきたえ上げていきましょう。こうすることで、自分自身の波動だけでなく、周りの人たちの波動をも高めることができます。「無意識状態」、「ネガティブ性」、「不調和」、「暴力」は、一切、このエネルギー場には侵入できません。ちょうど、光あるところに暗闇《くらやみ》が存在できないのと、同じことです。

思考と感情を観察することは、「いまに在る」ためには、不可欠な手順です。あなたが無意識に生きているならば、観察することによって、心の中を、どんよりしたものが絶え間なく流れているのに気づいて、びっくりするかもしれません。これは、エアコンのブーンという低いノイズと同じように、すっかり自分の一部になってしまっています。

さらに、心の底から平和を感じている時が、どんなに珍しいかということにも気づくでしょう。心のダイヤルは、常に、心配、不満、退屈、不安といった、低い精神レベルに合わせてあるのです。

それでは、苦しみを取りのぞくためには、どうすればよいのでしょうか？

苦しみも、まず、それをきちんと観察することからはじめます。そして、なにが自分に不安や不満を芽生《めば》えさせているかを、見極めてください。「すでにそうであるもの」に対する決めつけや、抵抗、「いま」の拒絶など、無意識なものはすべて、意識の光で照らすことによって、溶けて消えてしまいます。

このようにして、無意識状態の解消方法を身につければ、「いまに在る」ことで発する意識の光が、輝きを増すようになるため、無意識状態がたとえ「重症」になっても、比較的容易に処理できるようになります。ずるずると引きずられていくような落ちこみを感じたら、無意識状態が重症になっているサインですから、注意しましょう。無意識状態が慢性化している人の場合には、程度が軽いほうが、かえって認識しにくいかもしれません。

思考と感情を観察することを、習慣にしましょう。

「いま、この瞬間、わたしの心は平和だろうか？」

これは、折にふれて自問するのに最適な問いかけです。あるいは、「いま、この瞬間、わたしの内面で、なにが起こっているか？」でもいいでしょう。自分の外側で起こっていることに関心を持つのと同じくらい、自分の内面で起こっていることにも、関心を持ってください。不思議に思えるかもしれませんが、自分の内面さえ平和なら、外側の状態も、整ってくるものです。一番大切なものは内面であり、外側は二の次なのです。

自分にこのような問いかけをする際には、面倒くさがって即答しないで、内面をじっくりと、よく観察しましょう。

あなたは、どのような思考をつくりだしていますか？

あなたは、なにを感じていますか？

今度は、からだに意識を向けてみましょう。

どこかに、緊張はありませんか？

不安に気づいたら、自分がどんなふうに人生から逃げているか、または、人生を否定しているかを、認識しましょう。それは、究極的には、「いま」を拒否することを意味しています。心がけ次第で、内面を観察する能力は、とぎすまされていきます。

いつ、どこにいても、「いま、ここに」在ろう

あなたは、ストレスを感じていませんか？

未来へ向かうのに忙しすぎて、「いま」が、ゴールに到達するための手段になっていませんか？

ストレスは、あなたが「ここ」にいるのに「そこ」にいたいと思ったり、「現在」にいながら「未来」にいたいと思うことによって、生まれるのです。これが、わたしたちの内面を、ふたつに分裂させてしまう原因です。心にこのような亀裂《きれつ》を生じさせるのは、とても不健康なことです。

過去の出来事が、思考活動の大半を占めていませんか？

ポジティブなことにしろ、ネガティブなことにしろ、過去について頻繁《ひんぱん》に話したり、考えたりしていませんか？

それは、あなたが達成した偉大な業績、冒険や体験でしょうか？

それとも、苦労話や、自分の身にふりかかった惨事や、逆に誰かを傷つけた出来事でしょうか？

思考が、罪悪感、プライド、嫌悪感、怒り、後悔、自己憐憫《れんびん》などの、マイナスの感情を生んでいませんか？

もしも、これらに該当するなら、あなたは「にせの自分」というアイデンティティを強固なものにしているだけでなく、過去を心に積み上げて、肉体の老化のプロセスを加速させているのです。あなたの身のまわりの、過去に強いこだわりを持つ人たちを観察して、この説の真偽《しんぎ》のほどを、自分の目で確かめてみましょう。

すべての瞬間に、過去を捨て去りましょう。わたしたちには、過去など必要ありません。現在に解決しなければならないことがあって、どうしても過去を参考にしなければならない時にだけ、そうしてください。「いまのパワー」と「大いなる存在」の豊かさを、全身で吸いこみましょう。そうすれば、「わたしは、いま、ここに存在する！」と、実感するはずです。

あなたは不安ですか？

「もしも〜だったら？」という考えを、いつも抱いていますか？

そうならば、思考が未来の状況をイメージすることで、恐れをつくりだしているのです。未来の状況に、いま、とりくむことはできません。なぜなら、それは、そもそも存在しないものなのです。それは、思考の中の幻なのです。
健康にも人生にも有害な、これらの習性をとりのぞくには、「いまに在る」ことです。
ただ、それだけでいいのです。

呼吸を意識しましょう。からだから出たりはいったりする、空気の流れを感じましょう。からだの内側のエネルギーを、感じましょう。わたしたちが対処しなければならないのは、実際には、「いま、この瞬間」だけなのです。「いま、この瞬間」に、どのような問題があるか、自分にたずねてごらんなさい。来年でなく、明日でなく、五分後でもなく、「いま、この瞬間」です。「いま、この瞬間」、どんな問題があるでしょうか？

わたしたちは、いつでも「いま」にならとりくめますが、未来にとりくむことは、絶対に不可能です。その時その時の状況に必要な、答え、力、手段は、必ず、そこにあるはずです。それより前でも後でもなく、その時に、あるはずなのです。

あなたはいつも「待って」いますか？

「待つ人」でいることが習慣になっていませんか？

人生をどれだけ、待つことに充《あ》てているでしょうか？

わたしが「小さなスケールの待つこと」と呼んでいるものには、郵便局の順番待ち、渋滞、空港での待ち時間、待ち合わせなどがあります。「大きなスケールの待つこと」には、次の休暇を待つ、もっと良い条件の仕事を待つ、子供が成長するのを待つ、意義のある関係を築ける相手の出現を待つ、成功するのを待つ、お金を稼《かせ》ぐのを待つ、立派な人間になるのを待つ、さとりがひらけるのを待つ、などがあります。生涯を、人生のスタートを切る準備、すなわち「待つこと」に費やしてしまう人も、珍しくありません。

「待つこと」は、心理状態です。その根底には、「いまが嫌なので、未来を求めている」という思いがあるのです。自分が持っているものを要《い》らないと感じ、自分が持っていないものを欲しがっています。

この種の「待つこと」を実践する人は、無意識のうちに、自分のいたくない「いま、ここ」と、自分のいたい「イメージの中の未来」とのあいだに、ギャップをつくっています。これが、心に葛藤《かっとう》を生み、「いま」を失わせ、人生の質を著しく損ねてしまう原因です。

たくさんの人は、金銭的に豊かになるのを待っているものです。しかし、それは未来に実現するのではありません。「いま」の現実（自分のいる場所、自分が何者であるか、自分がいまおこなっていること）を貴び、完全に受けいれると、わたしたちは、「すでにそうであるもの」に感謝し、「大いなる存在」に感謝することになります。こうして、完全無欠の人生である、「いま、この瞬間」に感謝することこそが、真の豊かさなのです。それは、未来に可能になるのではありません。未来がやってくる時には、豊かさは幾通りもの姿で、その人の前に現われてくるはずです。

自分の持っているものに不満だったり、現在の運を嘆《なげ》いていたり、フラストレーションを感じているならば、それはあなたを金持ちにする後押しになるかもしれませんが、そのような心理状態で豊かになっても、心は永遠に満たされません。お金で買える、たくさんの経験ができるかもしれませんが、その喜びもつかの間にすぎず、それらはいつも虚《うつ》ろな思いを残して去っていくため、さらなる欲求に苦しむからです。「大いなる存在」につながっていないと、「いま、この瞬間」という人生の豊かさを、感じることができません。

心理的に「待つ」のは、もうやめましょう。未来を待ちわびていると気づいたら、すぐさまそこから脱け出し、「いま、この瞬間」に、すぐはいりこんでください。完全に「いま」に在《あ》り、しかも「在《い》ること」を楽しむのです。「いまに在る」なら、どんな時でも、なにも待っていません。ですから、誰かに「お待たせしてごめんなさい」と言われたら、こんな返答ができるのです。「全然構いませんよ！　わたしは待っていませんでしたから。喜びに満たされて、ただここに立っているのを楽しんでいただけなんですよ」

待つことも、「無意識状態」のひとつです。このような習性は、「BGMのように流れている不満」というかたちで、すっかりわたしたちに溶けこんでいるために、簡単に見過ごされてしまいます。しかし、思考と感情を観察すればするほど、過去や未来のわなにはまってしまった時、つまり無意識状態の時に、すぐにそれと気づくようになり、時間という夢から覚め、「いまに在る」ことができます。

思考がつくる「不幸なわたし」は、時間があるから生きられるのです。「不幸なわたし」は、わたしたちが「いまに在る」と消えてしまうことを知っているために、「いま、この瞬間」を、とても恐れています。「不幸なわたし」は、あなたを時間という檻《おり》に閉じこめておこうとするのです。このことを、よく肝《きも》に銘《めい》じておきましょう。

「待つこと」の本当の意味

「いまに在る」状態は、「待つこと」にたとえられます。この場合の「待つこと」は、一般的な意味合いの、退屈な状態や、そわそわして落ち着かない状態とは違います。それらは、わたしがすでにご説明した、「いまの否定」です。

ここでの「待つこと」は、完全な意識の集中を要する「待つこと」です。いつ、なにが起こるともしれないのですから、完全に目覚め、思考が静止していなければ、大切なものを見過ごしてしまいます。この状態では、意識は「いま」に注がれています。空想する、思い出す、予測する、といった思考活動をしている余裕はありません。だからと言って、緊張しているわけでもなく、恐れているわけでもありません。精神がとぎすまされた「いまに在る」状態です。全身が、細胞が、あなたのすべてが、「いまに在る」のです。

この状態では、過去と未来を背負った「わたし」(あるいは個性)は、ほとんど存在しません。しかし、その人本来の価値は、まったく損なわれていないのです。本質は、そのまま活《い》かされています。むしろ、よりいっそう、「ほんとうの自分」に近づいたと言ってもいいでしょう。実を言うと、わたしたちが「ほんとうの自分」でいられるのは、「いま」しかありません。

「いまに在る」人には、過去など存在しない

潜在意識の中の過去は、いつでも試練というかたちで、わたしたちの前にやってきます。ですから、潜在意識にうもれた過去を、あばく必要などありません。必要なのは、潜在意識の中の過去が、「思考」、「感情」、「欲望」、「反応」、「出来事」などのかたちで、いま表われていることを認識することだけです。過去を掘り下げると、底なし沼にはまってしまいます。過去の「発掘作業」には、終わりがないからです。

あなたは、「過去から自由になるには、過去を知る必要があり、そのためには時間も必要だ」と、考えるかもしれません。言いかえるなら、「いずれは未来が自分を過去から解放してくれる」と、信じているのです。

しかし、これはたんなる幻想です。過去からあなたを自由にできるのは、「いま、この瞬間」しかないからです。時間が多ければ多いほど、時間の呪縛《じゅばく》から解放されるのではありません。「いまのパワー」につながること、それが大切なのです。

それでは、「いまのパワー」とは、なんでしょうか？

それは、「いま」に在り、「大いなる存在」につながることで、手に入れられるパワーです。思考から解放された、意識のパワーなのです。

「いま」のレベルで、過去にとりくんでください。過去に焦点を当てれば当てるほど、過去にエネルギーを向け、過去によって「にせの自分」のアイデンティティをつくりだす危険性があります。意識を向けるべき対象は、「いま」なのです。自分の行動に、注意を向けてください。同様に、反応、気分、思考、感情、恐れ、欲望にも、注意してください。それらがわき上がってくると同時に、注意を向けるのです。

あなたの中に、生きている過去がありますか？

批判せず、分析せず、決めつけもせずに、これらをすべて見張って、「いまに在る」ことができれば、わたしたちは同時に、過去にもとりくんでいることになります。「いまに在る」パワーを通して、過去を溶かしているからです。過去の中に、自分を見つけることはできません。「いま、この瞬間」にはいりこんではじめて、「ほんとうの自分」

を見つけることができるのです。

第５章

「いまに在る」とは、どういうことか

「いまに在る」と、万物の美が見えてくる

自然の美しさ、神聖さに気づくためには、「いまに在る」ことが、必須《ひっす》条件です。

すっきりと空が澄みわたった夜に、広大《こうだい》な宇宙を見上げ、その荘厳《そうごん》な静けさと果てしなさに対して、畏敬《いけい》の念を抱いたことはありませんか？

山奥深くの渓流《けいりゅう》のせせらぎに、心の底から耳をかたむけたことはありませんか？

静かな夏の夕暮れ時に、ツグミのさえずりに聞き入ったことはありませんか？

心がじっとしていなければ、自然の美に魅せられることはありません。これまで培《つちか》ってきた知識はもちろん、過去と未来にまつわる問題を、しばらくのあいだ、わきにのけておく必要があるからです。さもないと、なにかを見ていながら、ほんとうは見ておらず、なにかを聞いていながら、ほんとうは聞いていない状態なのです。ほんとうにものを見て、聞くためには、完全に「いまに在る」ことが不可欠です。

表面的な美の奥に、それを超越した「なにか」が存在します。それは、内に秘められ

ていて、筆舌《ひつぜつ》に尽くしがたく、神聖で、本質的なものです。ほんとうの美に気づく時には、この内なる本質の輝きが、外殻《がいかく》を透過《とうか》して見えているのです。わたしたちが「いまに在る」時だけ、万物は「ほんとうの姿」を明かします。

「完全意識」になろう

「いまに在る」ことの重要性が、そろそろおわかりいただけたでしょうか？

思考を見張ると、意識は思考活動を止め、「観察する人」になります。「思考を観察すること」は、個人レベルにとどまらず、宇宙規模においても、重要なことです。わたしたちひとりひとりを通して、意識は「にせのアイデンティティ」という夢から目覚め、「カラ」を脱ぎ捨てられるのです。

日常生活の中で、「いまに在る」ことを習慣にすると、「からだに根をおろす」のに役立ちます。しっかりと根をおろしていないと、荒波のような思考に、飲みこまれてしまいかねません。「からだに根をおろす」というのは、一〇〇パーセント、自分のからだに住まうことです。からだの内側のエネルギー場を、いつもある程度、意識していることです。からだを内側から感じること、と表現したほうがわかりやすいでしょうか。からだを意識することは、すなわち「いまに在る」ことなのです。からだを意識していれば、「いま」にいかりをおろすことができます。

目には見えず、滅ぼすこともできない「本質」を見いだす

「大いなる存在」は、見たり触ったりできるからだによって、認識するものではありません。目に見えるからだは「衣」、「虚像」であり、その奥にあるものが実体なのです。「大いなる存在」とつながっていれば、この実体は躍動《やくどう》する「内なる生命」もしくは「インナーボディ」として感じられます。つまり、「からだに住まう」ことは、からだのうちにある生命を感じることであり、そうすることによって、「わたしは見かけの姿を超越した存在なのだ」、という認識に到達できるのです。

心が思考に占領されているかぎり、わたしたちは「大いなる存在」と断絶しています。大半の人が、持続的にこの状態にあり、意識をすべて思考活動につぎこんで、自分のからだを「留守」にしています。思考は暴走し、コントロールがきかなくなります。

「大いなる存在」を認識できるようになるには、思考から意識を解放しなければなりません。これが、わたしたちの「魂の旅」の中で、もっとも大切な仕事のひとつです。無益で強迫的な思考活動に消費されている、ばく大な量の意識を解放するのです。意識を解放するのに効果的な方法は、思考活動を止め、インナーボディに意識を向けることです。インナーボディは、肉体に生命を与える、見えざるエネルギー場であり、「大いなる存在」が感じられる場所です。

インナーボディとつながる方法

それでは、早速《さっそく》試してみてください。慣れないうちは、目を閉じたほうが、実践しやすいかもしれません。「からだに住まう」コツがつかめたら、もう目を閉じる必要はありません。

意識を、インナーボディに向けてください。からだを、内側から感じるのです。

からだは、生きていますか?
手には、生命がありますか?
腕は、どうですか?
脚は、どうですか?
足先は、どうですか?
おなかは、どうですか?
胸は、どうですか?

からだ全体をくまなくおおい、すべての臓器、すべての細胞に生命力を与えている、かすかなエネルギー場を感じることができますか？

これをひとつのエネルギー場として、からだ全体で同時に感じることができますか？

しばらくのあいだ、インナーボディを感じることに、意識を集中しつづけましょう。インナーボディについて、考えるのではありません。ただ、感じるだけです。意識を集中させればさせるほど、感覚は、より鮮明になってきます。まるで全細胞の生命力が、あふれ出してくるかのように、感じられます。

視覚化が得意な人なら、からだが光を発しているイメージが見えるかもしれません。このようなイメージは役立つかもしれませんが、浮かんでくるイメージよりも、感覚に集中するようにしましょう。イメージがどんなに美しく、力強くても、形態である以上、さらに深くはいる可能性を狭めてしまうからです。

インナーボディのさらに奥へはいろう

インナーボディのさらに奥へとはいるためには、瞑想が効果的です。長時間する必要はありません。十〜十五分くらいも瞑想すれば、十分です。まず、電話や人など、途中で邪魔がはいらないよう、事前に確認してください。準備ができたら、いすに腰掛けましょう。ただし、背もたれにはよりかからず、背筋をまっすぐ伸ばします。こうすれば、意識を鋭敏に保てるからです。これ以外にも、自分で気に入っている瞑想の姿勢があれば、その姿勢でおこなってかまいません。

からだがリラックスしているか、確認しましょう。目を閉じます。二、三度、深呼吸します。下腹部まで、しっかりと息を吸いこみます。呼吸のたびに、おなかがふくらんだり、縮んだりするのを意識しましょう。次に、インナーボディ全体のエネルギーを意識します。インナーボディについて、考えるのではありません。ただ、それを感じるのです。こうすると、思考活動は止まり、「無心状態」になります。

「視覚化が役に立つのでは？」と感じるなら、前節でご説明したように、光を視覚化するのもいいでしょう。ただし、インナーボディがひとつのエネルギー場に感じられた時点で、イメージはすべて頭から追い払い、感覚だけに意識を集中させてください。からだの物質的なイメージがあるなら、これも同様に消し去りましょう。すると、あなたの中には、万物に広がっている「在る」という感覚だけが残ります。自分のからだと外界のあいだに、境界線が存在しないように感じられます。そして、もっと感覚を強められるよう、さらに意識を集中させます。「在る」という感覚と、ひとつになってください。

自分と自分のからだのあいだに、「観察する側」と「観察される側」という区別がなくなるくらい、感覚とひとつに溶け合いましょう。内側と外側という区別も、この段階では消えてしまい、「インナーボディ」という感覚さえ、なくなってしまいます。あなたは、からだの奥へ、奥へとはいりこむことによって、からだを超越したのです。感覚が心地よいと感じられるかぎり、この「大いなる存在」の空間にとどまりましょう。

心ゆくまで味わったら、物質的な肉体、呼吸、からだの感覚と、順次意識していき、それから目を開けます。周囲を数分間見渡しながら、インナーボディを意識します。すぐには思考活動をしないでください。

このように、かたちにしばられない空間にはいりこむのは、とても解放感があるものです。この方法を実践すると、かたちのアイデンティティから自由になれます。この次元は、万物が分裂して個別化する前の世界です。この次元を、「目に見えない世界」「万物の源《みなもと》」「大いなる存在」と言いかえてもいいでしょう。それは、沈黙と平和の次元であると同時に、喜びと力強い生命力の次元なのです。「いまに在る」人の肉体は、いくらか透明になり、純粋な意識である光に近づきます。さらに、その光が「ほんとうの自分」をつくっている要素そのものであることにも気づくでしょう。

意識を外に向けると、思考と外界が現われます。意識を内に向けると、意識は、生まれ故郷である「目に見えない世界」に帰ります。「目に見えない世界」にいる時のわたしたちは、かたちのアイデンティティを持っていません。意識が「目に見える世界」に戻ってくると、かたちのアイデンティティをふたたび身にまといます。「名前」、「過去」、「人生の状況」、「未来」を背負うのです。しかし、「目に見えない世界」への帰還を一度でも経験した人は、経験する前とは、まったく別人になっているはずです。自分自身に内包された、「目に見えない世界」という実体を、かいま見たからです。ただし、ちょうどわたしたちがこの世界から完全に独立していないのと同じように、「目に見えない世界」も、この世界と独立しているわけではありません。

これからは、外界と思考だけに意識を注がないことを、人生の目標にしましょう。どんな時にでも、いくらかは、自分の内面を意識しているのです。人と交流している時や、自然に接している時には、特にインナーボディを感じましょう。インナーボディの奥にある、「沈黙」を感じてください。「目に見えない世界」の入口を、いつでも開けておくのです。一生を通じて、「目に見えない世界」を意識していることも、決して不可能ではありません。外界でなにが起こっても、「目に見えない世界」を感じていれば、ゆるぎない心の平安、静けさを得られます。こうすることで、「目に見えない世界」と「目に見える世界」をつなぐ、パイプ役をしているのです。「神」と「この世」をつなぐ、パイプ役とも言えます。これこそが、「さとりをひらくこと」であり、「大いなる存在」とひとつになることなのです。

インナーボディに根をおろそう

インナーボディとつながっているためのコツは、インナーボディを常に感じていることです。こうすると、人生が加速度的に変化してきます。意識をインナーボディに向ければ向けるほど、波動が高まってくるからです。これは、ちょうど照明のスイッチをひねっていくと、光が明るさを増してくるのに似ています。この高いエネルギーレベルに達した人は、もはや、ネガティブ性から影響を受けることはありません。高い波動を反映した状況を引きよせるようになります。

ほとんどのあいだ、意識をインナーボディにおいていると、「いま」にいかりをおろせます。こうすれば、もう「人生の状況」の中で、自分自身を見失ったり、思考の中に自分自身を埋没させたりすることはありません。思考や感情、恐れや願望を、まだいくらか抱いているかもしれませんが、それらに支配されたりはしないのです。

それでは、ここで、「いま、この瞬間」自分の意識が、どこに向けられているかを、調べてみましょう。あなたは、本書を読んでいますね。意識は、本書を読むことに注がれています。しかし、それと同時に、周囲の環境にも、なんとなく気づいていることでしょう。さらに、読んでいる内容について、頭の中で、「ああでもない、こうでもない」と、「実況解説」をしていませんか？

それでもなお、意識が全部それらに占領されてしまっているわけではなく、いくらか「余り」があるでしょう。その「余り」で、インナーボディに意識を向けられるか、ちょっと試してみてください。意識を全部使ってしまわずに、いくらか、インナーボディに残しておくのです。からだ全体を、ひとつのエネルギー場として、内側から感じるのです。これは、からだ全体でものを聞いたり、読んだりしているような感覚です。この方法を、これから一週間、二週間と継続的に実践していきましょう。

意識をすべて、思考と外界に消費しないことが大切です。おこなっていることには常に集中すべきですが、それと同時に、できるかぎり、自分のインナーボディを感じるのです。インナーボディに、しっかりと根をおろしましょう。このように心がけることで、意識がどのように変化していくか、活動の質に、どんな変化が見られるか、観察してみてください。

免疫機能を強化しよう

免疫力のアップが必要だと感じた時に最適な、シンプルで効果抜群の自己治癒《ちゆ》の瞑想法があります。病気の兆《きざ》しが見えはじめた時点で、すぐに手を打てば特に効果的ですが、すっかり居座ってしまった病気に対しても、集中して根気強くおこなえば、威力を発揮します。ネガティブエネルギーによって波動が乱されるのを防ぐ働きをする、というメリットもあります。ただし、この瞑想法は、あくまでもインナーボディに住まう方法の代用ですから、これだけでは効果は長つづきしないでしょう。

この方法は、心身ともにリラックスしている就寝前か、朝起きぬけに寝床の中でおこなうのが理想的です。すべての活動からからだを解放し、意識でからだを充満させるのです。まず、仰向《あおむ》けに寝て、目を閉じます。手、足、腕、おなか、胸、頭、という具合に、順繰りにからだの各部に意識を集中させていきます。最初は一箇所につき十五秒くらいずつ費やします。各部のうちにある生命エネルギーを、できるだけ、はっきりと感じましょう。

次に、意識を足から頭、頭から足と、全身にくまなく、波のように数回かけめぐらせます。これは一分間もすればいいでしょう。それから、インナーボディをひとつのエネルギー場として、全身で感じてください。その感覚を数分間保ちます。その間、からだのすべての細胞に、強烈に「在る」よう意識を集中させます。時おり、思考がはいりこんできて、意識がからだの外に引っぱり出され、考えに没頭してしまうことがあるかもしれませんが、気にしないでください。集中力が乱れていると気づいた時点で、意識をインナーボディに戻せばいいのです。

頭を創造的に活用する方法

目的があって、頭脳を使う場合は、インナーボディと協力して使いましょう。思考が止まった、頭が空っぽの状態にならないと、頭脳を建設的に使うことはできません。この状態になれる一番の近道は、からだを使うことです。そこで、解決策やひらめきが欲しい時には、しばらくのあいだ思考活動を止め、インナーボディに意識を集中させましょう。「無心状態」になるのです。そうしてから、あらためて思考活動をおこなうと、頭脳は冴《さ》えてきて、創造的になります。

どのような知的活動をするにしても、思考状態と、思考していない「無心状態」を、数分おきで交互に経験することを習慣にしましょう。つまり、「頭だけで」考えないで、「からだ全体で」考えるのが、大切なのです。

インナーボディに集中できない時には、呼吸に焦点を当てましょう。意識的な呼吸は、それのみで素晴らしい瞑想法であり、しだいにインナーボディとひとつになれるはずです。呼吸するたびごとに、空気が出たりはいったりするのを、意識で追ってみましょう。息を吸ったら、わずかにおなかがふくらんで、息を吐いたら、おなかが縮まるのを意識してください。視覚化が得意なら、目を閉じ、自分が光に囲まれているところか、光り輝く物質（意識の海）に包まれているところをイメージしてみましょう。そして、その光を吸いこむのです。輝く物質がからだを満たし、からだを輝かせていると感じましょう。

さらに、もっと、感覚に意識を集中させていきます。あなたはいま、からだの中にいます。なんらかのイメージが浮かんでくるかもしれませんが、気にとめないでください。あなたは、「いまのパワー」につながったのです。

第２部

さとりに目覚めた人間関係を築く

第6章

「感情の痛み」を溶かす

人間は、苦しみや痛みを自分でこしらえている

わたしたちは、苦しみのほとんどを、自分でつくっているものです。厳密《げんみつ》に言うと、「思考がこしらえている」ということになります。わたしたちは、必要のない苦しみを、みずから背負っているのです。これは、「すでにそうであるもの」に対する拒絶や、無意識のうちの抵抗が原因です。思考は物事に対して「決めつけ」をするものですが、すると必然的に、ネガティブな感情がわき上がってくるのです。

苦しみの度合いは、自分がどれくらい、「いま、この瞬間」に抵抗しているかに比例しています。これは同時に、どれだけ自分が思考とひとつになっているかを知るバロメーターでもあります。精神世界の教義の中には、「すべての痛みは、究極的には幻である」と、説くものがありますが、これはまさに真理なのです。

思考を「ほんとうの自分」だと思いこんでいる状態は、「無意識に生きている状態」と言いかえることもできます。ここから脱却《だっきゃく》しないかぎり、痛みから解放されること

はありません。わたしがここで使った「痛み」とは、感情的な痛みのことですが、この感情的な痛みが、肉体的な苦痛と病気の、主な原因でもあります。感情的な痛みには、「怒り」、「嫌悪」、「自己憐憫」、「罪悪感」、「憂鬱《ゆううつ》」、「嫉妬《しっと》」などがあります。

ちょっとしたいらだちも、痛みのひとつです。すべての「快楽」や「感情の高ぶり」も、そこに痛みの種を含んでいます。なぜなら、これらは対極の存在と表裏一体であり、「マイナス極」が表われるのは、時間の問題だからです。麻薬で「ハイ」な状態を経験したことがある人なら誰しも、「ハイ」はいずれ「ロー」に変わること、快楽が苦しみに変わることをよく知っているでしょう。

麻薬を経験したことがない人たちも、親密な人間関係が、快楽から痛みへと、いとも簡単に、しかもほんのわずかの期間で変わってしまうことを、経験を通じて、よく知っているものです。より高い視点からながめれば、ポジティブとネガティブは、コインの表と裏のようなものです。ポジティブもネガティブも、エゴ的思考に不可欠な、「感情的な痛み」の一種にすぎません。

感情的な痛みには、ふたつのレベルがあります。ひとつは、「いま、こしらえている痛み」。もうひとつは、「心とからだに生きつづけている、過去の経験による痛み」です。「いまのパワー」を自分のものにできないかぎり、感情的な痛みは増えつづけ、痛みを背負って人生を歩むことになります。新たにこしらえる感情的な痛みは、心とからだに住みついている、過去の経験による痛みにくっついて、雪だるま式に大きくなります。

「ペインボディ」とはなにか？

からだに積もった痛みは、ネガティブなエネルギーのかたちで、心とからだにくっついています。これが、感情の痛み、わたしが「ペインボディ」と呼ぶものです。ペインボディには、ふたつの状態があります。眠っているものと、活動しているものです。休火山と活火山をイメージすると、わかりやすいかもしれません。

ペインボディが、九〇パーセント近い時間、眠ったままの人もいれば、ペインボディが体まずせっせと活動している人もいます。「わたしはとても不幸だ」と感じている人は、後者に当てはまります。

ペインボディが、フルに目覚めた状態で人生を歩んでいる人もいれば、親密な人間関係や、過去の悲しい経験（見捨てられる、失う、肉体的・感情的に傷つくなど）と重なる状況でのみ、ペインボディが目覚める人もいます。どんなささいな出来事も、ペインボディを活動させる引き金になり得ますが、それが過去の痛みと共鳴する場合には、なおさらです。ペインボディが目覚める準備ができているなら、ちょっとしたネガティブな考えや、誰かの悪気のないひと言でさえも、それを活動させるスイッチになりかねません。

「ペインボディ」とのつながりを断ち切る方法

ペインボディは、わたしたちに直視されて、幻というその実体をあばかれたくありません。ペインボディを「ほんとうの自分」だと思いこんでしまうというわなから脱け出

すために は、ペインボディを観察することです。すると、意識が新しいレベルに進みます。これが、「在《あ》ること」です。「在ること」によって、自分自身の核とも言える、内側に秘められた強さに気づくことができます。「在ること」によって、いまのパワーを入手できるのです。

ペインボディには、比較的、害の少ないものもあります。泣きやまない子供などが、その一例です。肉体にとって有害なものもありますが、ほとんどは、感情にとって有害です。ごく身近な人を攻撃するペインボディもあれば、本人を攻撃してしまうペインボディもあります。後者のケースでは、人生に対する思考や感情が、とてもネガティブになり、自滅的です。実を言うと、病気や事故は、ほとんど、ペインボディがつくりだしているのです。極端なケースでは、ペインボディが本人を自殺にまで追いこんでしまうこともあります。

気心を知りつくしたつもりでいた人が、突然、それまでに見せたことのない、悪意に満ちた性格を露呈《ろてい》するのを目の当たりにして、大きなショックを受けたことがありませんか？

あなたは、ペインボディが牙《きば》をむく瞬間を、目撃したのです。しかしながら、誰かのペインボディを観察するよりも、自分自身のペインボディを観察することのほうがずっと大切なのは、言うまでもありません。

ほんのわずかでも、みじめな気持ちがわき上がってきたら、注意しましょう。それがペインボディの目覚めのサインかもしれないからです。「いらだち」「怒り」「落ちこみ」「鬱《うつ》状態」「誰かを傷つけたいという欲求」「人間関係で『ドラマ』をつくらずにはいられないこと」などが、そのパターンです。ペインボディが目覚めるその瞬間に、しっかりとつかまえましょう。

ペインボディが存続できる道は、ただひとつ、わたしたちが、無意識のうちにペインボディとひとつになってしまうことです。ペインボディも、人間と同じように、生きるための「栄養」を必要としています。栄養は、ペインボディのエネルギーと共鳴するものならば、どんな経験でもかまいません。さらなる痛みをこしらえるものであれば、なんでも栄養にしてしまいます。ペインボディは、栄養を摂取するために、同じ種類のエネルギーを帯びた状況を、その人の人生につくりだします。痛みの栄養は、痛み以外にはありません。痛みは、喜びを食べて生きられないからです。痛みは、喜びを消化することができないのです。

ペインボディとひとつになると、わたしたちは、もっと痛みが欲しくなります。そこで、「被害者」か「加害者」になることを選びます。「痛みをもたらす人」か、「痛みに苦しむ人」、もしくはその両方になってしまうのです。「痛みをもたらす人」も、「痛みに苦しむ人」も、大差ありません。

「自分から好んで痛みを欲しがる人なんて、いるもんですか!」と、みなさんは反論するかもしれません。しかし、その気持ちをおさえて、よく観察してみましょう。あなたの思考や言動は、自分自身やほかの人に、痛みをこしらえていませんか?

ペインボディの存在をちゃんと自覚できていれば、ネガティブ性は消えてしまいます。痛みを望む人など、どこにもいないからです。

「エゴが映し出した暗い影」であるペインボディは、あなたの意識という光に照らされることを、なによりも恐れています。どうか気づかれませんように、とおびえているのです。その存続は、わたしたちが、ペインボディを「ほんとうの自分」と思いこんでしまうかどうかに、かかっているからです。また、自分の痛みを直視することを恐《こわ》がってしまうことも、ペインボディを存続させる原因です。

ペインボディを、しっかり見据えて、意識という光で照らさなければ、永遠に痛みをくりかえすだけです。ペインボディは、直視するに堪《た》えない危険なものに思えますが、あなたの実存というパワーの前には、しっぽをまいて退散するしかない、幻でしかありません。

ペインボディを観察し、「ほんとうの自分」ではないと認識できたあとにも、ペインボディは活動をつづけ、わたしたちに、またわなを仕掛けることがあります。ちょうど、スイッチを止めたあとも、扇風機が惰性《だせい》で少しのあいだ回りつづけるのと同じく、ペインボディも、余力で活動をつづけるのです。

この段階にくると、ペインボディは、からだのあちこちに肉体的な痛みを与えるかもしれませんが、その「悪あがき」は長くはもちません。しっかりと意識を保って、「いま」に在りましょう。自分の内面を、かたときも逃さず見張る「ガードマン」になるのです。

ペインボディを見張るためには、十分に「いまに在る」ことが条件です。そうすれば、ペインボディは、思考をコントロールできません。自分の思考がペインボディのエネルギーと同じ種類のものであるかぎり、それはペインボディとひとつになり、ペインボディに栄養を与えることになります。

たとえば、あなたのペインボディの主なエネルギーが、「怒り」だと仮定します。そのうえで、誰かの言動に過敏になったり、「どんな仕返しをしてやろうか」という、怒りに満ちた思考に明け暮れるとしましょう。すると、あなたは「無意識状態」になってしまい、ペインボディが、あなたになりかわってしまうのです。怒りの感情の裏には、必ず痛みがかくされているものです。みじめなムードにおそわれ、「なぜ人生は、こんなにもむごたらしいのだろうか」というネガティブな考えにひたっていると、自分自身もペインボディと同じ色に染まり、無意識状態におちいります。あなたは、ペインボディの攻撃に対して、もろくなってしまうのです。ここで言う「無意識状態」とは、「ある思考や感情とひとつになってしまうこと」を意味します。「見張り人が不在の状態」だと表現してもよいでしょう。

「苦しみ」を「意識」に変えよう

ペインボディを常時観察していると、ペインボディと思考のつながりを断つことができます。思考とのつながりを断たれてしまったペインボディがどうなるか、わかりますか？　ペインボディは、「意識」へと変わるのです。痛みが意識の炎を燃やす燃料に変わり、結果的に、意識の炎がいっそう明るくなるのです。これが、一般に知られていない、古代錬金術《れんきんじゅつ》の解釈です。つまり、錬金術とは、卑金属（＝苦しみ）を黄金（＝意識）に変える技術のことを意味しているのです。苦しみと意識のあいだを走る亀裂は癒《いや》され、わたしたちは満たされます。そのレベルに到達できたならば、わたしたちに課せられた使命は、もう新たな痛みをこしらえないことです。

それでは、ここで手順をおさらいしてみましょう。まず、自分の感情的な痛みに、意識を集中させます。それを、ペインボディだと認識してください。「わたしの内面にペインボディがある」という事実を、受けいれます。ペインボディについて、解釈してはなりません。判断を下したり、分析したり、自分の都合のために「ペインボディは○○が原因だ」などと、決めつけないでください。「いま」に在り、自分の内面を観察しつづけるのです。「ペインボディを観察する人」に、なりましょう。これが、「いまのパワー」につながる方法です。そして、自分にどんな変化が起こるか、ようすを見てみましょう。

「ペインボディ」とひとつになりたがるエゴ

わたしがここで説明した、「いまに在る方法」は、極めてパワフルであると同時に、とても簡単に実行できます。子供にさえも、教えることが可能です。わたしは、そう遠くない将来に、子供たちが学校で習うことのひとつになれば、と願っています。

ただし、ペインボディが消えていく際に、拒絶反応が起こる可能性も否定できません。人生の大半をペインボディとひとつになって過ごしてきた人や、ペインボディをアイデンティティのよりどころにしてきた人の場合には、特にその可能性があります。つまり、ペインボディに基づいて、「不幸なわたし」というイメージをつくりあげて、このでっち上げの自分を、「ほんとうの自分」だと信じこんでしまっている場合です。

こういったケースでは、「自分自身を失ってしまうのではないか」という恐怖心が、拒絶反応を引き起こしているのです。言いかえるなら、未知なる世界に足をふみいれ、居心地のよい「不幸な自分」を失うリスクを背負うよりも、いっそのこと痛みにひたりきって、「痛みそのもの」でいることを望んでしまうのです。

自分がこのケースに当てはまると思う人は、拒絶反応のようすを観察してみてください。過去の痛みに、愛着心がありませんか？

感覚を、とぎすましましょう。「不幸なわたし」というイメージを抱くことで得られる、独特の満足感に注意してください。「不幸なわたし」について話さずにはいられない、考えずにはいられない、という強迫的な傾向は、ないでしょうか。あなたがしっかりと意識すれば、その傾向は消えていきます。このようにして「いまに在る」と、ペインボディは溶けてしまいます。

ペインボディに変化を起こせるのは、あなただけです。ほかの誰にも、あなたのペインボディを溶かしてあげることはできません。しかし、幸運にも身近に、しっかりと「いまに在る」人を見つけられたら、その人物と一緒に過ごすことをお勧めします。「いまに在る」人のそばにいれば、自分も比較的簡単に「いまに在る」ことができるからです。その人のそばにいることで、あなたの「意識の光」も、強くなるからです。発火したばかりの薪《まき》も、燃えさかる薪のそばにしばらくおかれると、勢いよく燃えはじめるものですが、これと同じ原理です。つまるところ、炎であることに変わりありません。

なによりも肝に銘《めい》ずべきことは、「痛みを『ほんとうの自分』だと思いこんでいるかぎり、痛みから解放されない」ということです。つまり、「わたし」というものを定義づける際に、わずかでも、過去に被《こうむ》った心の傷を要素にしているあいだは、その痛みを癒せるチャンスを台無しにしているのです。

なぜでしょうか?

理由は単純です。「なにひとつ失わずに、自分をそのままの状態にしておきたい」という心理が働くため、痛みでさえも、手放したくなくなるのです。

この一連のプロセスは、すべて「無意識」によるものなので、克服する唯一の方法は、その事実に「気づく」ことです。自分が痛みにしがみついているという事実に気づくということは、雷にでも打たれるような、ショッキングな経験です。この事実に、心の底から気づいた瞬間、あなたはついに、自分と痛みをつないでいる鎖を断ち切ることができます。

ペインボディは、一時的に内面に居座ってしまった、自由に流れず、滞留《たいりゅう》してしまった生命エネルギーです。ペインボディは、過去のなんらかの経験によるものであり、その人の中で生きつづけている過去なのです。

つまり、ペインボディをアイデンティティにするということは、過去をアイデンティティにするということを意味します。「わたしは被害者です」というアイデンティティは、『いま』よりも、過去のほうがパワーを持っている」という信念に基づいています。つまり、他者や、他者のしたことが、現在の自分の感情的痛みの原因であり、「ほんとうの自分」でいられないことに責任を負っていると、信じていることになります。

しかし、これは事実ではありません。「唯一のパワーは、『いま、この瞬間』以外には存在しない」こと、これこそが事実なのです。唯一のパワーは、「いまに在る」ことで生まれるパワーです。いったんこの事実がのみこめたら、「現在の自分の心のあり方に責任があるのは、自分自身であり、ほかの誰でもない」ということが、わかるはずです。そして、過去は「いまのパワー」に歯が立たないということも、わかるでしょう。

ペインボディは、「無意識に生きている」ことによる産物です。ペインボディを自覚すると、ペインボディは意識に姿を変えます。パウロは、この普遍的《ふへんてき》な原則を、次のように美しく表現しました。

「光に照らされると、すべては姿を現わす。光に照らされたものは、すべて光となる」

闇と闘うことができないのと同じように、ペインボディと闘って、それを退治することはできません。退治しようとすると、心に葛藤が生じ、結局、さらに痛みをこしらえてしまいます。観察するだけで、ことは足ります。観察することは、対象をあるがままに受けいれることだからです。

第7章

「中毒的な人間関係」を「目覚めた人間関係」に変える方法

「愛と憎しみ」が表裏一体の人間関係

「大いなる存在」に、意識してつながっていないかぎり、どんな人間関係にも（親密な関係は特に）深い亀裂が生じ、やがて機能不全という結末を迎えます。恋愛関係も、互いに夢中になっているバラ色の頃には、なにもかもがパーフェクトに思えます。しかし、その一見したところ「パーフェクトなもの」は、口論、衝突、不満、感情的または肉体的暴力によって、ガタガタと音を立ててくずれはじめていくものです。しかも、それは坂道を転がるように、悪化の一途《いっと》をたどるのが常です。

このように、ほとんどの「恋愛関係」は、それほどたたないうちに、「愛と憎しみの関係」に豹変《ひょうへん》してしまうのです。みなさんも、愛がスイッチひとつで、手のひらを返したように、容赦《ようしゃ》のない攻撃、敵意に変わってしまうという現象を、経験したことがおありではありませんか？

しかも、わたしたちの大半は、この現象を、「ごくありふれたこと」だと、わりきっているものです。

もしも、あなたが、恋愛関係の中で、愛と「愛の対極に位置するもの（攻撃、言葉の暴力など）」を両方経験しているならば、エゴの「中毒的なしがみつき」を、愛と混同してしまっている可能性が高いのです。誰かを、ある時には愛し、次の瞬間には憎むということは、不可能です。「ほんとうの愛」には、対極がありません。あなたの愛に対極があるならば、それは、愛ではなく、完全になりたがっているエゴの欲求を、相手が一時的に満たしてくれているだけです。それは、さとりの「代用品」にすぎません。ほんの短いあいだならば、ほんもののさとりのように感じられるでしょう。けれども、遅かれ早かれ、パートナーが、あなたの必要（というより、むしろエゴの必要）を満たし損《そこ》ねる時がやってきます。すると、「恋愛関係」がおおいかくしてきたエゴの恐れ、痛み、欠乏という感情が、どっとあふれ出してきます。

恋愛関係も、そのほかのすべての中毒症状と同じく、「麻薬」が手元にある時には「ハイ」でいられますが、麻薬が効かなくなってくる事態は、避けられません。痛みの

感情が、ふたたび表面化してくる時には、その度合いは、輪をかけてひどくなっていま
す。しかも、あなたは、自分のパートナーを、痛みの犯人だとみなしているのです。そ
こで、相手を攻撃するという方法で、自分の痛みの感情を外界に投影させます。この攻
撃が、パートナーの痛みを喚起《かんき》する起爆剤となり、相手が反撃に出ることもあるでしょ
う。

どんな中毒症状も、自分の痛みを直視することを無意識のうちに恐れているために、
痛みを克服できずにいることが根本原因なのです。中毒症状はすべて、痛みにはじまり、
痛みに終わります。中毒になっている対象が、酒、食べ物、ドラッグでも、パートナー
でも、人はそれを自分の痛みをおおいかくすために、利用しているのです。

誰かと親密になると、最初の頃の幸福期間が過ぎたあとには、たくさんの不幸と痛み
が押しよせてくるのは、このような理由があるからです。人間関係そのものが、痛みや
不幸をつくりだしているわけではありません。自分の中にもともとあった痛みや不幸を、
引き出しているだけなのです。これは、すべての中毒症状に当てはまります。「効き目

がなくなる」という限界に達すると、人は、よりいっそうの痛みを感じるはめになります。

たくさんの人たちが、「いま、この瞬間」から逃れ、未来に目を向けようとする理由は、自分の痛みと向き合うことを、なによりも恐がっているからです。残念ながら、「いまに在る」ことで生まれるパワーが、恐れの根源である過去の痛みを溶かしてしまえるということに、この人たちは気づいていないのです。実体である「いま」のパワーは、過去という幻影を、いとも簡単に溶かしてしまえるのです。もちろん、この人たちは、「大いなる存在」がすぐ手の届くところにあることにも、気づいてはいません。

中には、痛みを避けるために、人間との接触そのものを絶ってしまおうという人も、いることでしょう。しかし、これも解決策にはなりません。痛みはどっちにしろ、自分の中にあるのですから、それを取りのぞかないかぎり、痛みを経験するのです。無人島や自室に閉じこもって三年を過ごすよりも、その間に三度、人間関係に失敗するほうが、さとりをひらく可能性は大きいのです。ただし、孤独の中で、しっかりと「いまに在る」ことができる人ならば、その方法でも、さとりをひらくことができるでしょう。

「中毒的な人間関係」を「ほんとうの愛」に変える

それでは、「中毒的な人間関係」を「ほんとうの愛」に変えるためには、どうすればいいのでしょうか?

意識を強く「いま」に集中させて、「いまに在る」パワーを増大させること、これがその答えです。あなたにパートナーがいてもいなくても、これが鍵であることには、変わりありません。思考やペインボディを「ほんとうの自分」と錯覚しないくらい、「在り方」が強力でなければ、「ほんとうの愛」を育《はぐく》むことはできません。

「ほんとうの自分」の正体は、もう、おわかりですね?

「ほんとうの自分」は、思考の根底にある「大いなる存在」であり、痛みの根底にある「愛」と「喜び」です。この真実をさとることは、わたしたちにとって、最高の自由を手に入れることなのです。

ペインボディを自分から切りはなすと、ペインボディは「在る」光で照らされて、変容します。思考を観察して、自分から切りはなすと、思考がくりかえしおこなうパターンと、エゴがいつも演じたがる役に、気づくようになります。こうして、思考からパワーを奪回すれば、思考は強迫的な性質を失ってしまいます。思考の強迫的な性質というのは、「決めつけ」をせずにいられないことです。決めつけをすると、「すでにそうであるもの」に抵抗することになり、痛みを生む衝突やドラマは避けられません。

「すでにそうであるもの」を受けいれると、思考に支配されることはなくなります。しかも、そうすることで、愛、喜び、平和が存在できるスペースを、つくっているのです。すると、わたしたちはまず、自分自身に対する決めつけをやめます。つぎに、パートナーに対する決めつけをやめます。機能不全の恋愛関係を変化させる一番の触媒《しょくばい》は、パートナーに対して、なんの決めつけもせず、相手のどんなところも変えようとせずに、ありのままに受けいれることです。これが、人間関係からエゴ的意識を取りのぞく方法です。

この時点で、「思考のゲーム」も「中毒的なしがみつき」も、すべて終わります。被害者も加害者もいなくなり、とがめる人も、とがめられる人もいません。相手の無意識状態に、引きずりこまれてしまうこともありません。すると、カップルの関係は、愛に包まれながらも、パートナーと別離しているか、パートナーも一緒に「いま」に在り、「大いなる存在」につながっているかの、どちらかへと変化するのです。「そんなに単純なら、苦労はしないよ」。こんな声が聞こえてきそうです。しかし、実は、それくらい単純なことなのです！

「大いなる存在」が、愛なのです。愛は、外界にあるのではありません。それは、わたしたちの内面の、奥深くにあります。わたしたちは、絶対に、愛を失うことはありません。愛が、わたしたちのもとを去ることもありません。愛は自分以外の誰か、外界のなにかに依存しません。

わたしたちが「いまに在る」時、「かたちと時間を超越した『大いなる存在』が、『ほんとうの自分』なのだ！」と感じることができます。それと同時に、すべての人間、すべての創造物の根底にある、「共通の生命」を感じることができます。「独立したかたち」というヴェールの奥を、見通すことができるのです。これが、「すべてはひとつであること」の気づきです。これが、「ほんとうの愛」なのです。

思考とひとつになる習性から完全に脱却しないかぎり、あるいは「いまに在る」レベルが、ペインボディを溶かしてしまえるほど強くないかぎり、ほんとうの愛を育むことはできません。

人間関係はさとりをひらくチャンス

機能不全の人間関係には、まったく別の側面があることも事実です。矛盾するようですが、それは、さとりをひらくチャンスでもあるのです。人間関係が、エゴ的思考を助長し、ペインボディ活動のスイッチになっているのならば（さとりをひらいていない人の場合は、これが一般的です）、そこから逃げようとするかわりに、さとりをひらくチャンスに変えてみてはいかがでしょうか?

誰かと親密な関係になるのを避けたり、「理想のパートナー」の出現が、問題解決の方法だと錯覚して、「幻」を追いつづけたりするかわりに、機能不全の人間関係を、活かすのです。

「すでにそうであるもの」を、ありのままに受けいれると、いくらかは、状況から自由になれるものです。たとえば、人間関係に「不調和がある」という事実に「気づき」、その「気づき」をしっかりと胸に刻むと、「不調和がある、ということを知る」という新しい事実が加わるため、不調和は変わらざるを得ません。

「わたしの心は、平和でない」と知ることによって、その「気づき」が、クリーンなスペースをつくり、「非・平和」を愛で包んで、「平和」に変容します。自分の心に直接に働きかけをすることで、意識が変容するわけではありません。パートナーや他者を変容させるなど、なおさら不可能です。わたしたちにできるのは、変容が起きるためのスペース、慈悲《じひ》と愛がはいってくるためのスペースをつくることだけです。

恋愛関係が機能していないなら、喜びましょう。なぜなら、ふたりの「無意識」を明るみに出してくれたからです。それは、さとりをひらく絶好のチャンスです。自分の心の状態を観察し、その「気づき」を、しっかりと胸に刻みましょう。もしも、そこに怒りがあるならば、怒りがあると認識してください。「嫉妬」、「正当化したがる気持ち」、「自己弁護」、「議論を闘わしたい衝動」、「愛に飢え、かまってもらいたいインナーチャイルド」、「感情的な痛み」など、そこにあるものがなんであれ、それが自分の中にあるという事実を認識し、その気づきをしっかりと受けとめるのです。こうすれば、人間関係は、精神の修練、「サーダナ」[sadhana：ヒンドゥ語]になります。

たとえ、相手が無意識な行動をとっても、それに対して反応しないで、気づきによって優しく包みこんで、受けとめましょう。仮に、気づきがあなたの側にしかなく、相手が無意識に行動しつづけるとしても、それにまどわされずに、気づきを保つのです。「無意識」と「気づき」は、長く共存できません。敵意と攻撃を生むエネルギーは、愛の存在に耐えられないからです。パートナーの無意識に、わずかでも感情的になってしまうと、自分自身も無意識になってしまうので、十分な注意が必要です。しかし、そこで反応してしまっても、「わたしは感情的になっている」という事実に気づくことさえできれば、それでいいのです。

現代ほど、人間関係が不和と衝突にまみれている時は、かつてなかったでしょう。みなさんもお気づきかもしれませんが、人間関係は、わたしたちを幸福にしたり、満足させたりするためにあるのではありません。理想のパートナーさえ見つかれば、さとりはひらけると信じているかぎり、期待はことごとく裏切られ、幻滅を味わいつづけるはめになります。

人間関係は、わたしたちを幸福にするためではなく、わたしたちを「目覚めさせる」

ためにあるのだと認識していれば、それは、さとりをひらくチャンスになります。幻想を追い求める人にとっては、人間関係はさらなる痛み、暴力、軋轢《あつれき》をこしらえるもとにとどまります。

人生を精神の修練にするには、相手の協力が必要だと、考える方もいらっしゃるでしょう。しかし、パートナーが協力的であろうと、なかろうと、そんなことはかまいません。「意識の覚醒」は、あなた自身をとおして、この世界に反映されるのです。さとりをひらくのに、世界や、誰かの意識が覚醒するのを、待っている必要はありません。そんなことをしていたら、永遠に待ちぼうけを食うはめになるかもしれないのです。

互いの「無意識」を、なじりあってはなりません。口論の口火を切ったとたんに、思考とひとつになってしまい、思考だけでなく、「にせの自分」をも正当化しているのです。すると、エゴが主導権を握りはじめ、あなたは「無意識」になります。時には、パートナーの言動を指摘することが、役立つかもしれません。あなたの意識がきちんと

「いまに在る」時ならば、エゴの介入ぬきで、それができるでしょう。要するに、非難、とがめ、悪者扱い、といったことをしないで、事実を指摘できるのです。

たとえ、パートナーが無意識にふるまっても、「決めつけ」は控えましょう。「決めつけ」をするということは、無意識にふるまう相手を、相手の「ほんとうの姿」と混同することなのです。ただし、「決めつけをしない」ということは、機能障害や無意識な行動の存在を否定するという意味ではありません。「裁判官」にならずに、「知る人」になる、ということです。こうすれば、感情的な反応を、一切しないですみます。たとえ反応したとしても、「知る人」であるために、自分の反応を観察し、ありのままにほうっておくことができます。闇と闘うのではなく、闇を照らす光になるのです。幻に反応せずに、幻を見つつ、幻の奥にある真実を見抜くのです。

「知る人」になることで、すべてのもの、すべての人を、あるがままに受けいれられる、愛あるクリーンなスペースをつくります。これ以上に、意識の変容のために効果的な触媒はありません。あなたがこうして意識的に生きれば、あなたのパートナーは、無意識のままあなたと共存することはできません。

カップルが両方とも、相手との交流を、精神成長のレッスンだと認識していれば、もちろんそれに越したことはありません。もしそうなら、互いに自分の考えや感ずるところを「決めつけ」をしないで、相手に表現できるでしょう。感情や不満を表現し損ねたために、ネガティブなものが心の中でわだかまったり、ふくれあがったりすることもありません。

相手を非難せずに、自分の思いを率直に述べる術《すべ》を身につけるのは、とても大切なことです。自分を正当化せずに、広い心でパートナーの話に耳を傾けることも、同じくらい大切です。こうすれば、相手にも、表現するスペースを与えられるからです。そのためには、まず「いま」に在りましょう。すると、非難、自己弁護、攻撃などの方法で「にせの自分」を防衛しようとする、エゴの出番はなくなります。自分自身はもちろん、相手にもスペースを与えることは、人間関係において不可欠です。スペースがなくては、愛は育たないのですから。

カップルの双方が、人間関係を台無しにする、致命的なふたつの原因を取りのぞけられれば、ふたりの関係は、至福の花を咲かせます。まず、最初の原因はペインボディであり、これを変容させなければなりません。もうひとつの原因は、思考を「ほんとうの自分」と思いこむことであり、これを止めることです。互いの痛みと無意識を、鏡のように映し合って、エゴの欲求を満たすかわりに、互いの根底にある愛を、「相手とわたしは、ひとつにつながっている」という気づきとともに、映し合うのです。これが、対極の存在しない、「ほんとうの愛」なのです。

もしも、あなたがペインボディや思考から解放されているのに、パートナーが、まだそのレベルに達していない場合には、パートナーの側に、困難が生じます。さとりをひらいていない人にとって、さとりをひらいた人と生活するのは、ひどく苦痛なものです。さとりをひらいていない人のエゴが、危機感を察知するからです。エゴは、「すべては分離している」という考えをよりどころにして生きていますから、その考えを真実にしようとして、口論、ドラマ、衝突を追い求めています。ところが、エゴのどんな挑発《ちょうはつ》にも、さとりをひらいた相手は、乗ってきません。口論、ドラマ、衝突に対するエゴの欲求が、まるで満たされないのです。相手からなんの反応も得られないので、エゴのかたくなな姿勢もゆらぎはじめ、そのパワーは弱まり、消滅の危機にさらされます。さとりをひらいていない人の思考にとって、これが、どれほどの欲求不満となるか、想像できますか？

「わたし自身」との関係を築くこと

さとりをひらいているか、いないかにかかわらず、わたしたちは、男性か女性のいずれかであり、「かたち」のレベルでは不完全です。わたしたちは、いわば「一個のりんごの半分」です。意識レベルがどんなに高くても、かたちのうえで不完全であることが、「異性に惹《ひ》かれる」というかたちで表われます。しかし、「大いなる存在」にしっかりつながった人は、この異性に対する「引力」を、人生の中心ではなく、表面的な部分で感じるものです。

ただし、これは、さとりをひらいた人が、パートナーを含め、人とのつきあい方が浅くなるという意味ではありません。逆に、さとりをひらいていなければ、人と深く交流することはできないのです。わたしたちは、「大いなる存在」を起点にしてはじめて、かたちというヴェールの奥の真実を認識できるからです。

「大いなる存在」の次元では、男性と女性はひとつです。さとりをひらいていても、「かたち」としてのわたしたちは、なにかを必要とするかもしれませんが、「大いなる存在」は、なにも必要としません。「大いなる存在」は、すでに完全無欠です。もし、うまい具合に、自分の必要が満たされることがあったら、それはそれで結構ですが、必要が満たされるか否かは、さとりをひらいた人の心の状態に、なんら影響を及ぼしません。たとえば、パートナーがいない場合、表面的には「不完全」という感覚を持っているかもしれませんが、内面では一〇〇パーセント満たされ、平和な状態にあるものです。

ひとりでいる時に、自分自身と一緒にいて心地よくない人は、自分の不安をおおいかくすために、人とのつながりを求めるようになります。そうすると、交流するうちに、不安がなんらかのかたちで表面化してきます。しかも、それを相手のせいにしがちなものです。

ほんとうに必要なことは、「いま、この瞬間」を、心から受けいれることです。それだけなのです。そうすれば、自分がいる「いま」と「ここ」に心地よさを覚え、ありのままの自分でいることも、気持ちよく思えるはずです。

わたしたちは、「自分自身」との関係を築く必要はありません。シンプルに、「自分自身のまま」でいればいいのです。自分自身と関係を結ぶと、自分を「わたしとわたし自身」、または「主体と客体」というふたつに分裂させてしまいます。思考がつくるこの二元性が、無駄な混乱、問題、衝突を生む、温床《おんしょう》なのです。

さとりをひらいた人にとって、「自分」と「自分自身」はイコールであり、そのふたつはひとつに溶け合っています。自分は、自分自身に対して、決めつけをしません。自分自身を、哀れんだりしません。自分自身を、誇りに思ったりしません。自分自身を、愛したりしません。自分自身を、憎んだりしません。保護し、防衛し、養わなければならない「自分自身」は、存在しません。

あなたがさとりをひらいているならば、「わたしとわたし自身」という、余計な関係を築く必要はなくなります。それを手放すと、すべての関係は、ある「ひとつの関係」に変わります。それは、「愛の関係」です。

第8章

「いま」を
あるがままに受けいれる

人生は永遠にうつり変わるもの

人生には、たくさんのものが自分のもとに集まり、豊かになる上昇のサイクルもあれば、ものが衰え、失われていく、下降のサイクルもあります。下降のサイクルの時には、新しいものが誕生するスペースをつくるために、あるいは変容が起こるために、ものを手放さなければなりません。その時点で、ものに執着し、状況に抵抗すると、人生の流れに逆らっていることになり、苦しみが生まれます。

下降のサイクルは、意識の進化のためには不可欠です。人はなにかで徹底的に敗北を喫《きっ》するか、極度の喪失か痛みを経験しなければ、魂の世界に引きよせられないからです。また、ほかならぬ成功が、本人にむなしさをもたらし、結果的に敗北に転じてしまうこともあるでしょう。あらゆる成功は失敗を内包し、あらゆる失敗は成功を内包しているのです。この世では、もしくは「かたちある世界」では、誰もが「敗北」します。成功はみんな、いずれ無に帰するものです。かたちあるものは、すべて生生流転《せいせいるてん》の宿命にあるからです。
なにかを実現させたり、創造したりすることを楽しむのが、悪いわけではありません。かたちあるもので自分を定義づけることや、自分に存在価値を与える目的でなにかを求めることが、間違いのはじまりなのです。出来事やものは、人生ではありません。あくまでも「人生の状況」にすぎません。

ひとつのサイクルの期間は、数時間から数年間に及びます。大きなサイクルの中には、さらに小さな複数のサイクルがあります。病気のほとんどは、わたしたちに不可欠な、低いエネルギーのサイクルに抵抗することによって、生じています。思考とひとつになっているかぎり、外的な要素で自分の存在価値を決める傾向から逃れられませんが、このような考え方が、衰退のサイクルを受けいれるのを困難に、または不可能にしているのです。そこで、からだの機能が、本人の抵抗をストップさせるために、自己防衛の手段として、病気をつくりだすのです。

思考がなにかに愛着を持つと、それが人でも、所有物でも、社会的地位でも、場所でも、肉体でも、それにしがみつき、それと一体化してしまいます。それらを、幸福感や満足感の源泉、さらに、アイデンティティを構成する要素にしてしまうのです。

しかし、物質界では、なにものも永遠ではありません。すべては終わってしまうか、変わってしまうか、極の反転（昨年、またはつい昨日まで「良し」とされていた状況が突然、または次第に「悪」に変わる）が起こるかの、いずれかです。自分を幸せにしていた状況が、一転して自分を不幸におとしいれてしまうのです。今日の繁栄が、明日には空虚な消費活動に、幸福に満ちた結婚やハネムーンが、不幸な離婚や、みじめな共同生活に変わります。

また、当然自分のものとみなしていたものを失う時にも、不幸な気持ちになります。自分がアイデンティティにしている状況や状態が変わることや、消えてなくなることは、思考には耐えがたいことだからです。思考は、去っていく状況にすがりつき、変化にもがきます。自分の肉体から、なにかがもぎ取られてしまうように感じられてしまうのです。

結局、幸福と不幸は、実のところ同じものなのです。時間という幻想が、それをまったく別のものであるかのように分けているにすぎません。

人生に抵抗せずに生きると、優美で、朗《ほが》らかで、平和な心境でいられます。この心境は、状況の良し悪しに翻弄《ほんろう》されません。逆説のように思えるかもしれませんが、かたちあるものに執着しなくなったとたんに、「かたちある世界」の状況が、好転することが多々あります。幸福になるために必要だと思いこんでいたもの、人、状況にしがみつかなくなったとたん、奮闘や努力なしに、それが、スムーズにやってくるのです。それがやってきた時には、存分に楽しみ、享受《きょうじゅ》すればいいのです。もちろん、状況にはすべてサイクルがありますから、それもやがては去っていくでしょう。しかし、執着のない境地にいるかぎり、失うことへの恐れもありません。人生は安らぎとともに、ゆるやかに流れていきます。

物質界をよりどころにした幸福には、奥深さがありません。無抵抗の境地に達した時に、「大いなる存在」とひとつになる喜びと、鮮烈な平和の心境に比べれば、それは、その影のようなものです。「大いなる存在」とひとつになると、二元性の思考を超越でき、ものへの執着から自由になれます。たとえ周囲の世界が、ことごとく崩れ、くだけ散ったとしても、心の奥ではゆるぎない、深い平和を感じているでしょう。幸福ではないかもしれませんが、それでも平和ではいられるのです。

ネガティブ性を利用することと、手放すこと

「すでにそうであるもの」に抵抗すると、ネガティブな感情を抱かずにはいられません。実を言うと、ネガティブ性は、みな抵抗が原因なのです。この場合、ネガティブ性と抵抗のふたつの言葉は、同意語とみなしてかまいません。

ネガティブ性には、イライラから、短気、激怒、落ちこみ、不機嫌、絶望感まで、さまざまなレベルがあります。抵抗することで、ペインボディを目覚めさせることもあり

ますが、その時には、ほんのささいな出来事でも、鬱、悲嘆などの、極度のネガティブな感情を引き起こします。

エゴは、ネガティブ性をつくれば、現実をコントロールでき、欲しいものを手に入れられる、と信じています。ネガティブ性が、望ましい状況を引きよせる、または好ましくない状況を一掃《いっそう》する、と思いこんでいるのです。

もしわたしたちが（というより、わたしたちとひとつになった思考が）、不幸にはなんのメリットもないと知っていたら、不幸な気持ちをつくりだすはずがありません。むろん、ネガティブ性にメリットがないというのは事実です。望ましい状況を引きよせるどころか、それが起ころうとするのを、逆に妨げてしまいます。好ましくない状況を解決するかわりに、その状況を維持しようとさえします。唯一、「便利」と呼べるネガティブ性の機能は、エゴのパワーを増大させることであり、これこそ、エゴがネガティブ性を愛する理由なのです。

人間というものは、いったんネガティブな要素をアイデンティティにしてしまうと、それを手放したくなくなるものです。心の深層部では、ポジティブな変化を望まなくなってしまうのです。その理由は、ポジティブな変化が、「鬱」、「怒り」、「不当に扱われる」などのネガティブなアイデンティティを、おびやかしてしまうからです。さらに、無意識のうちに、人生のポジティブな面を無視したり、拒否したり、変化が起ころうとするのを邪魔したりさえもします。これは、とてもありふれたことであると同時に、ひどく不健全なことです。

身のまわりの植物や動物を観察して、「すでにそうであるもの」を受けいれること、「いま」に身をゆだねる術を学びましょう。彼らから、「いまに在る」ことを学びましょう。誠実に生きる姿勢を学びましょう。それは「すべてとひとつになること」、「ありのままの自分でいること」、「ほんとうの自分でいること」です。いかに生き、いかに死ぬべきか、さらに、いかに生きることと死ぬことを問題にしないで生きられるかを、学んでください。

なん度もくりかえされるネガティブな感情は、病気と同じで、なんらかのメッセージを含んでいることがあります。しかし、その感情をメッセージと受けとめて、いかに行動しようと、それが意識レベルの変化をともなっていないかぎり、すべてうわべだけの変化で終わってしまいます。「意識レベルの変化」とは、すなわち「いまに在る」ことです。

あなたの「在り方」が、十分なレベルに達していれば、もはや、ネガティブな感情に行動指針をあおぐ必要はありません。ただ、ネガティブ性がそこにあるかぎり、それを利用しましょう。もっと「いまに在る」ためのシグナルにするのです。

ネガティブ性がわき上がってくるのに気づいたら、それがどんな理由によるものでも、特にこれといった理由が見当たらない時でも、「目を覚ましなさい！ 思考から脱け出そう！ いまに在りなさい！」と、自分に呼びかけているサインだとみなしましょう。

ちょっとしたいらだちでも、軽視するのは禁物。ネガティブな感情はみな、認識し、観察する必要があります。そうしなければ、観察されない感情が、どんどん心の中に積もっていくからです。

「ネガティブな感情には、なんのメリットもないから、心にためこむのはやめよう」と思った瞬間、ネガティブ性を捨ててしまえるかもしれません。その際には、完全に捨て切ったかどうか、たしかめましょう。もし捨てることが難しいなら、ネガティブ性がそこにあるという事実を受けいれて、ネガティブな感情を観察してください。

ネガティブ性を捨てるのが困難な時のために、もうひとつの方法をお教えしましょう。ネガティブな反応を引き起こしている外的要因が、透明になった自分のからだをとおり抜けていく、というイメージを持つのです。これで、ネガティブ性を消すことが可能です。慣れないうちは、つまらないと思えるくらいの、ごくささいなことで試してみてください。

たとえば、あなたがひとり、部屋で静かにくつろいでいるとしましょう。すると突然、通りの向こうから、耳をつんざくような、車の防犯アラームが鳴り出しました。あなたはいらだちはじめます。しかし、いらだちは、なんの役にも立っていませんね。それでは、いらだちは、なぜ起こったのでしょうか？

あなたが、いらだちをつくったわけではありません。犯人は、あなたの「思考」です。この思考のプロセスは、自動的で、無意識的です。それでは、なぜ思考は、いらだちをつくったのでしょうか？

それは、思考が、「ネガティブ性が望ましくない状況を解決する」と、信じているからです。もちろん、これは大きな錯覚です。思考がつくるネガティブな感情（この場合は、いらだちか怒りになります）は、あなたをいらだたせたもともとの原因である騒音よりも、よっぽど有害なものです。

このようなトラブルが起こったら、「自分が透明になる方法」を試してみましょう。物質的なからだが、透明になっていくと、イメージしてください。次に、騒音でもなんでも、自分にネガティブな反応を起こさせた原因が、からだをとおり抜けていく様子をイメージするのです。この方法は、まず、小さなことから練習します。車のアラーム、犬のほえる声、子供のわめき声、渋滞などで、試してみてはいかがでしょうか。物事が痛ましくたたきつけてくる、「こんなはずではなかった」という抵抗の壁をつくるかわりに、自分のからだを通過させてしまうのです。

今度は、誰かが、あなたを傷つける意図で、なにか気にさわることを言ったとしましょう。そんな時にも、攻撃、防衛、カラに閉じこもるなどの、無意識な反応をしてネガティブ性をつくるかわりに、その言葉が、自分をとおり抜けていくところをイメージするのです。抵抗は、すべて手放しましょう。それは、言わば、「もう誰も、わたしを傷つけることはできない」という心境です。これこそが、ほんとうの「許し」です。この許しをしていれば、あなたはもろくありません。はがねのごとく、強靭《きょうじん》でいられるのです。

この境地に達していても、誰かに、「あなたの行動は、許容できませんよ」と、伝える選択をすることもあるでしょう。しかし、許しをしているかぎり、誰かの言動に、自分の心の状態がコントロールされることはありません。自分自身が、コントロールの座に就《つ》いているからです。これは、ほかの誰かに対してではなく、自分自身に対してという意味です。また、思考がパワーをにぎっているわけでもありません。原因が、車のアラームでも、無礼な人でも、洪水でも、地震でも、全財産を失うことでも、ネガティブな感情を手放す方法は、みな同じです。

自分の外側に、心の平安を求めるのは、やめましょう。「もしかすると、次のワークショップに、答えがあるかもしれない」とか、「もしかすると、新しいテクニックがあるかもしれない」など、「探す」という姿勢でいるかぎり、「心の平安」の境地に達することはありません。心の平安は、探して手にはいるものではないからです。

「いま、自分がいる状態」以外の状態を、探してはなりません。そうすると、無意識のうちに、軋轢や抵抗を、心につくりだすことになります。平和の境地にいない自分を、あるがままに受けいれましょう。自分が「非・平和」にいることを、完全に受けいれた瞬間、「非・平和」は、平和に変わるからです。「なにか」を完全に受けいれると、それがどんなものでも、その「なにか」を超越することができます。つまり、「非・平和」を超越することで、平和へと到達できるのです。これが、「受けいれること」から生まれる奇跡です。

「すでにそうであるもの」を受けいれると、すべての瞬間は、ひとつ残らず、「極上」になります。これが、「さとりをひらくこと」なのです。

「憐れみ」とはなにか？

思考から解放されている人は、深い湖にたとえられます。この人にとって、外界の状況や出来事は、すべて湖の水面上のことでしかありません。水面は、四季のうつり変わりによって、静かな時もあれば、荒れ模様の時もあります。しかし、深いところでは、湖はいつも平穏です。その人は、水面だけでなく、湖全体であり、微動だにしない深部とつながっています。

思考から解放されている人は、どんな変化にも、しがみついたり、抵抗したりしません。水面上の変化は、湖の深部の平和に、なんら影響を及ぼしません。永遠に変わることも、滅びることもない、時間を超越した「大いなる存在」に安住しているからです。絶え間なく変化するかたちの世界に、幸福を求めてよりかかったりはしません。かたちあるものは、好きなだけ楽しみ、遊んでいいのです。新しいものを創造し、その美を堪《たん》能《のう》するのも結構です。でも、それにしがみつくことはしません。

「大いなる存在」につながっていない人は、他者の「ほんとうの姿」をつかんでいません。自分自身の実体さえつかんでいないのですから、無理もないことです。「大いなる存在」を知らない人は、他者の外見だけでなく、考え方にまで、好き嫌いの判断を下しているものです。「大いなる存在」を知らないかぎり、真の人間関係は構築できません。「大いなる存在」を基盤としてはじめて、他者のからだや思考を、たんなるカーテンとみなせるようになり（実際それが真実です）、ちょうど自分のカーテンの奥にある「ほんとうの自分」を感じられるように、他者のカーテンの奥にある、その人の実体を感じることができるのです。他者の苦しみや、無意識な行動に直面しても、「いま」に在り、

「大いなる存在」につながっていれば、かたちを超えて相手を見ることができます。言いかえるなら、相手の輝ける純粋な「大いなる存在」を、自分自身の「大いなる存在」をとおして見ているのです。

「大いなる存在」に気づくことによって、奇跡的な癒しを経験する人もいます。「大いなる存在」の次元では、苦しみはすべて幻想にすぎません。苦しみは、かたちでアイデンティティをつくることから生まれるのです。

自分と万物のあいだの、強固な絆《きずな》に気づくこと、これが憐《あわ》れみです。もしも今度、「わたしと、あの人には、なんの共通点もない！」と思うことがあったら、実際には決定的な共通点があることを、思い出してください。これから二年後か、七十年後かは定かではありませんが（それはいずれにしろ重要ではありません）、あなたがたは、ふたりとも死体になって朽《く》ちていき、塵《ちり》と化し、しまいには完全になくなってしまうのです。これは、ネガティブな考え方ではなく、たんなる事実です。こう考えると、あなたとほかのすべての創造物は、完全に平等であると言えます。

とてもパワフルな精神の修練として、肉体が滅びてゆく過程をイメージするものがあります。これは、「死の前の死」と呼ばれています。目を閉じて、瞑想のスタイルでおこないましょう。さあ、イメージしてください。あなたの物質的なからだが、溶けていきます。すべてなくなってしまいました。思考とその産物も、全部消えてしまいます。しかし、神性の存在である、「ほんとうの自分」は、まだそこにいます。それは光り輝いています。ほんとうのものは、なにひとつ死んでいません。死んだのは、名前、かたち、幻だけです。

肉体の「死」と魂の「不滅」という、わたしたちすべてに共通の絆が、憐れみのふたつの側面です。このレベルの憐れみは、癒しになります。このレベルの憐れみは、「することと」よりも、主に「在ること」によって、癒しの威力を発揮します。この憐れみを持つ人に接すると、誰しもみな、その人が発している平和に影響されずにはいられません。

ほんとうにさとりをひらいた人は、どんなに周りの人たちが無意識にふるまっても、それに対して反応する必要性を、まったく感じません。反応することによって、無意識の行動を、現実にしてしまわないからです。さとりをひらいた人の平和が、あまりにも果てしなく深いために、平和でないものは、まるで最初から存在などしなかったかのように、その中に吸いこまれて、消えてしまいます。これが、行動と反応との、悪循環のカルマを断ち切るのです。

動物、木々、花々は、さとりをひらいた人の平和を感じ、互いに呼応します。これが「在ること」、つまり「神の平和」の表現をとおして、教えることです。光り輝く完全意識となり、「この世の光」になることです。そうすれば、苦しみを「もとから」取りのぞいていることになります。世界から、無意識を一掃する貢献をしているのです。

「手放すこと」の知恵

わたしたちが、どんな未来を歩むのかを決定する中心的な要素は、「いま、この瞬間」の意識の質です。それゆえ、ポジティブな変化をもたらすために、わたしたちにできる一番重要なことは、「手放すこと」です。「手放すこと」に比べたら、行動そのものは二次的です。「手放すこと」をしていない意識からは、真にポジティブな行動は生まれません。

ある人たちにとっては、「手放すこと」は、試練に対する「敗北」、「あきらめ」、「挫折」、「無気力」などを意味し、消極的な態度に聞こえるかもしれません。しかし、ほんとうの「手放すこと」は、まったく別のものです。なにもせずに、受け身の姿勢で、自分がおかれた状況に耐えることではありません。計画を立て、積極的に行動を起こすことを、放棄するわけでもありません。

「手放すこと」は、人生の流れに逆らうよりは、それに身を任せるという、シンプルでありながら、とても奥の深い「知恵」なのです。人生の流れを実感できる場所は、「いま、この瞬間」しかありません。「手放すこと」は、「いま、この瞬間」を、なんの不安も抱かずに、無条件に受けいれることです。「すでにそうであるもの」に対する心の抵抗を、捨て去ることです。

「心の抵抗」とは、思考の決めつけやネガティブな感情によって、「すでにそうであるもの」を拒絶することです。物事が思いどおりにいかない時、「こうでなければならない」という自分の要求や期待と事実とのあいだにギャップがある時に、この傾向は特に顕著《けんちょ》になります。これが、「痛みをこしらえるギャップ」です。長年生きていれば、「思いどおりにならないこと」にちょくちょく出くわすことは、もうご存知でしょう。痛みや悲しみをこしらえたくなかったら、そういう時にこそ、「手放すこと」を実践してください。「すでにそうであるもの」を受けいれたとたん、思考から解放され、「大いなる存在」につながることができます。

「手放すこと」をおこなうのは、内面だけです。なんらかの行動をとって、状況を変えてはいけないという意味ではありません。しかも、手放す時に受けいれなければならないのは、あらゆる状況ではなく、「いま、この瞬間」という、ごく限られた部分だけでいいのです。

たとえば、あなたがどこかで、「ぬかるみ」に、はまったとしましょう。こんな時に、「このまま、ぬかるみにはまったままでいよう」などと言って、状況に甘んずる人はいませんね。「手放すこと」は、「あきらめること」とは違います。好ましくない、不愉快な人生の状況を、甘受《かんじゅ》する必要はありません。「ぬかるみにはまっていることは、悪いことではない」などと強がりを言って、自分をいつわる必要もありません。「ぬかるみから脱け出したい」というのは、明白な事実です。それなら、その状況にレッテルを貼らずに、意識を「いま」に集中させるのです。

「レッテルを貼る」というのは、物事に対して決めつけをすることです。決めつけがなければ、抵抗やネガティブな感情は、一切わき上がってきません。「いま、この瞬間」の、「すでにそうであるもの」を、すべて受けいれるのです。そのうえで、ぬかるみから脱け出すために、できるかぎりのことをすればいいのです。

このような行動を、わたしは、ポジティブな行動と呼んでいます。ポジティブな行動は、怒り、絶望、フラストレーションを起点にした、ネガティブな行動とは、比べものにならないくらい効果的です。望ましい結果を達成できるまで、「いま」にレッテル貼りをしないで、「手放すこと」を実践しつづけましょう。

みなさんに、わたしの説明していることのポイントをつかんでいただけるように、今度はイメージでお話ししてみます。

霧深い夜に、あなたはひとり、真っ暗な小道を歩いています。でも、さいわい、あなたには、霧を貫きとおし、目の前の道をくっきり照らす、強力な懐中電灯があります。

おわかりでしょうか?

この中で、「霧」は、過去と未来を含めた「人生の状況」を象徴しています。また、懐中電灯は「いまに在る」意識を、目の前のくっきりと照らされた道は「いま」を、それぞれ象徴しているのです。

「すでにそうであるもの」に抵抗すると、エゴは「よろい」を強固にし、「すべては、はなればなれである」という信念を強くします。すると、自分の周りの世界、特にほかの人間が、自分の存在をおびやかしているのではないか、と思えてきます。それにともなって、決めつけをするようになり、競争心や支配欲とともに、「他者を抑圧しなければならない」という強迫観念が、無意識のうちに芽生えてきます。自然でさえも、敵とみなすようになり、ものの考え方や解釈の仕方が、恐れの色に染まります。被害妄想と呼ばれる心の病気も、この機能不全が、わずかに進行しただけにすぎません。

抵抗によって固くなってくるのは、心理的な「よろい」だけではありません。物質的な「よろい」である肉体のほうも、同様にこわばってきます。からだのあちこちが緊張しはじめ、全体的に収縮してしまうのです。正常に機能するために不可欠な生命エネルギーは、自由に流れなくなります。エクササイズやセラピーが、エネルギーの流れを修復するのに役立つかもしれませんが、毎日の生活の中で「手放すこと」を実践して、原因である心の抵抗を取りのぞかないかぎり、効果は長つづきしません。

人生の状況にまったく影響されない、わたしたちの中にある「大いなる存在」には、「手放すこと」をしなければ、つながることはできません。「大いなる存在」は、時間のない「いま」に永遠に存在する、わたしたちの生命です。この生命を見つけることを、イエス（キリスト）は、「あなたに必要な、ただひとつのこと」だと表現しました。

「人生の状況」が不満足、またはとうてい我慢できないものならば、まず、手放しましょう。手放さなければ、その状況を維持させているにほかならない、無意識な「心の抵抗」を止めることができません。

「手放すこと」は、「行動すること」、「変化を起こすこと」、「目標を達成すること」と、なんの問題もなく両立できます。ただ、「手放すこと」をしている意識は、「抵抗」している意識とは、まったく別のエネルギーを生み、まったく別の高質なものが、行動に反映されるのです。その理由は、「手放すこと」をすると、すべての生命の源である、「大いなる存在」につながることができるからです。「手放すこと」をすると、意識レベルが非常に高まるため、行動の質も、自動的に高められます。それが、結果にも反映される可能性も高まります。これは、「手放すことによる行動」と呼んでもよいでしょう。

「手放すこと」の境地にある人は、どんな出来事が起こっても、自分がなにをすべきかが明確にわかり、的《まと》を絞って、ひとつずつ片付けながら、状況にとりくんでいくものです。これは、自然から学ぶことができます。自然界では、いかにすべてが、不満足や不幸などのネガティブな感情を一切抱くことなく、生命の奇跡をくりひろげているかを、ご自分の目で見極めてください。

イエスが次のように言われたのは、同じ理由からです。

「野のユリが、どんなふうに成長しているかを、観察しなさい。ユリはあくせく働きもしなければ、つむぎもしない」

人生の状況が不満足、または不愉快なら、「いま、この瞬間」に内面のネガティブ性をすべて捨て去り、「すでにそうであるもの」に身をゆだねましょう。これが「霧を貫きとおす懐中電灯」です。そうすれば、外的状況によって、心が乱されることはありません。抵抗を原動力として反応したり、行動したりはしないでしょう。そのうえで、解決したい案件について、具体的に見ていけばいいのです。

こう自問するとよいでしょう。「この状況を変えるか、またはこの状況から脱け出すために、なにかできることはないだろうか？」

もしも、それがあるならば、的確な手段をとればいいのです。将来のある時点でしたいと思っている、またはすべきである、百のことに思いをめぐらすかわりに、いますぐできる「ひとつのこと」に的を絞るのです。

ただし、これは、計画を立てるべきではないという意味ではありません。この点を、誤解なさらないでください。場合によっては、計画を立てることだけが、その時点でできる、唯一のことかもしれません。その際には、脳裏のスクリーンに未来図を映し出して、「いま」を見失ってしまうことがないよう、注意しましょう。あなたのとった行動が、すぐに実を結ぶとはかぎりません。しかし、成果がすぐに表われないからといって、「そうであるもの」に抵抗しないでください。手立てがなく、状況から身をひくこともままならないならば、さらに手放し、さらに「いま」に在《あ》り、さらに「大いなる存在」とひとつになるために、その状況を利用しましょう。

時間のない「いま」に在ると、なんの骨折りもしないのに、予想もつかない具合に、状況が好転することが、しばしばあります。人生はなぜか協力的になり、あなたの味方になります。恐れ、罪悪感などが、行動を起こすのを妨げている時でも、さらに強く「いま」に在れば、意識の光が、そのようなマイナスの気持ちを溶かしてくれるでしょう。

「手放すこと」を、「なにがあっても、わたしには関係ありません」とか、「どうなってもいいです」などの、なげやりな態度と混同しないでください。こういった態度は、よく観察してみると、根底に怒りがひそんでいて、実際は、「手放すこと」という仮面をかぶった、抵抗であることがわかります。

したがって、「手放すこと」を実践する時には、自分の内面をよく観察し、わずかでも抵抗がないか、たしかめましょう。確認は、注意深くおこなってください。心のどこか、暗がりのすみっこのほうで、抵抗のかけらが、ネガティブな感情などのかたちで、息をひそめているかもしれないからです。

思考のエネルギーを、意識のエネルギーに変えよう

「手放すこと」をするための最初のステップは、まず、「自分が抵抗している」という

事実に気づくことです。抵抗がわき上がってくるのに気づいたら、しっかりと「いま」に在りましょう。思考が、どんな具合に抵抗をこしらえているかを、観察してください。思考が状況、自分自身、他者にレッテルを貼っていくプロセスを、観察するのです。

次に、感情エネルギーを感じましょう。自分が抵抗していくプロセスと、それにともなって発生するネガティブな感情をきちんと観察すれば、それがなんの役にも立っていないということが、はっきりとわかるはずです。

意識をすべて「いま」に集中させると、抵抗という「無意識」は、「意識」に変わります。これで、「ゲーム」はおしまいです。わたしたちは、意識して不幸でいることはできません。意識してネガティブでいることは、不可能です。ネガティブ性、不幸、どんなたぐいの苦しみも、それを抱くのは、本人が抵抗していることの証《あかし》であり、抵抗は必ず、無意識であることから生まれているからです。

「わたしは、意識して不幸でいられますよ」と、反論する方がいるかもしれません。しかし、あなたは、自分の意志で、「不幸な気持ち」を選ぶでしょうか？
もし選ばないとしたら、それは、なぜわき上がってきたのでしょうか？
どんな目的があるのでしょうか？
誰が、それを生かしているのでしょうか？

答えを言いましょう。あなたは、「不幸なわたし」をアイデンティティにし、強迫的な思考を燃料として、その気持ちを持続させているのです。さらに、この一連の行動は、すべて無意識的なものです。あなたが意識しているなら、つまり、「いまに在《あ》る」なら、ネガティブ性は、ほとんど一瞬にして消えてしまうからです。「いまに在る」人の中では、ネガティブ性は、生きのびることはできません。ネガティブ性が生きのびられるのは、あなたが「いまに在《い》ない」時だけです。あなたは、不幸に時間を与えることで、不幸を生かしているのです。時間こそが、不幸の「生命源」です。あなたが強烈に「いまに在る」なら、時間はとりのぞかれ、不幸な気持ちも消えてしまいます。

「手放すこと」をするまでは、「魂の世界」は、なにかで読んだり、話題にしたり、わくわくしたり、本に書いたり、思惟《しい》をめぐらしたり、信じたりする対象にとどまります。場合によっては、それすらも、しないかもしれません。「手放すこと」をして、「大いなる存在」が自分にとって、まぎれもない現実になるまでは、そのようなことをするか、しないかは、大した違いではありません。

「手放すこと」をした人は、「目に見える世界」を動かしている思考エネルギーよりも、はるかに高い波動のエネルギーを発するようになります。すると、このエネルギーが、その人の人生を動かしはじめるのです。現在のわたしたちの文明、社会、経済システムをつくりだしたのは、思考エネルギーであり、これはいまでも、教育やメディアをつうじて生きつづけています。

「手放すこと」をすると、今度は純粋な意識である、魂のエネルギーが、この世界に注がれるようになります。魂のエネルギーは、自分にも、この地球上のどんな生命体にも、苦しみを与えません。

手放せば、人間関係がうまくいく

人を利用したり、巧みに操ろうとするのは、その人が「無意識に生きている」証拠です。一方で、人から利用され、操られてしまう人たちも、「無意識に生きている」というのが事実です。誰かの無意識な行動に抵抗したり、それと闘ったりすると、自分自身も無意識状態に引きずりこまれてしまうので、要注意です。

誤解のないようお断りしておきますが、「手放すこと」は、「無意識な人たちから、いいように利用されてもよい」、という意味ではありません。まったく違います。心が完全に「手放し」をしていると同時に、相手に対して、きっぱりと明確に「ノー」と言ったり、状況から立ち去ったりすることもあるはずです。その違いはなにかと言うと、「手放し」をしている時には、感情的反応ではなく、「その時点の自分にとって、なにが正しくて、なにが正しくないか」という判断に基づいて「ノー」と言うところです。感情的反応ではない「ノー」、威厳ある「ノー」、ネガティブ性を一切含まない「ノー」なので、さらなる苦しみを生み出すことはありません。

「手放すこと」ができないなら、すぐに、なんらかの行動を起こしましょう。その状況を変えるために、はっきりと意見を述べるか、なにか手を打ってください。状況から身をひくことも、ひとつの方法です。自分の人生に責任を持ちたいなら、このふたつの方法から選ばなければなりません。美しく輝いている、あなたの「大いなる存在」を、そして地球を、ネガティブ性で汚染させないでください。自分の内面の「すみか」に、どんなかたちの不幸も、与えてはなりません。

仮に、現在、事情があって、身動きのとれない状況にあるなら、ふたつの選択肢があります。抵抗することか、手放すことです。しがみついているか、外的状況から心が解放されていること。苦しみか、心の平安。あなたは、どちらを選びますか？

「手放すこと」をすれば、人間関係は、深いレベルで変わってきます。「すでにそうであるもの」を受けいれられない人は、人をも、ありのままに受けいれてはいません。つまり、人に対して判断を下し、批判し、レッテルを貼り、拒絶するか、自分の思いどおりに相手を変えようとしてしまうのです。

また、「いま」を「目的達成のための踏み台」とみなしている人は、自分が出会う人たちをも、目的達成のための踏み台にしています。当然の結果として、人間関係、つきつめると人間そのものが、その人にとってあまり重要でなくなります。極端な場合には、まったく意味のないものになってしまうでしょう。物的な利益でも、権力でも、身体的な快楽やエゴの欲求を満たすことなど、人からなにを獲得できるかということが、その人にとって、最大の関心事になります。

人間関係において、「手放すこと」を、具体的にどのように実践すればいいか、例を挙げて説明しましょう。

たとえば、パートナーなどの身近な人と、もめごとの状態にあるとします。そんな時には、まず、自分の言い分が攻撃された時に、いかに自分が防衛的になるか、または、相手の言い分に対して、いかに自分が攻撃的になるかを、観察してください。自分が自説に固執《こしゅう》している、という事実を知りましょう。「自分は正しく、相手は間違いでなければならない」という考えの原動力になっている、感情、思考のエネルギーを感じましょう。それが、エゴ的思考のエネルギーです。エゴ的思考の存在をきちんと認識し、十分に感じれば、それを意識に変容できるのです。

こんな具合に自分を観察していると、口論の最中に、防衛、攻撃以外にも選択肢があることに突然気づき、感情的リアクションを止めてしまうかもしれません。これが、「手放すこと」です。ただし、リアクションを止めるというのは、心の中で「わたしは、子供じみた無意識を超越してるんだ」と言いながら、「そうそう、君の言うとおりだとも」と、口先だけで負けを認めることではありません。これは、相変わらず抵抗がそこにあり、優越意識を持ったエゴ的思考にコントロールされている状態です。

ほんとうに「手放す」には、エゴ的思考と感情をすべて放棄しなければなりません。心が驚くほど軽やかになり、深い平和に包まれているとはっきり感じられるならば、「手放すこと」の境地に到達できたしるしです。「手放すこと」をしたあとに、相手の行動が、どんなふうに変わるか、観察してごらんなさい。思考から解放された時、やっと真のコミュニケーションがはじまります。

「手放すこと」は「抵抗しないこと」と言いかえることもできます。ただし、「抵抗しないこと」は、必ずしも「なにもしないこと」を意味するわけではありません。わたしの言う「抵抗しないこと」とは、どのような行動も、感情的な反応にならないということです。「相手の力に抵抗してはならない。身をゆだねることで打ち勝つのだ」という、東洋の格闘技の奥義《おうぎ》である深遠《しんえん》な智恵を、胸に刻んでおきましょう。

しかし、鮮烈に「いまに在る」時には、「なにもしないこと」自体が威力を発揮し、状況や人を変化させたり、癒したりすることもあります。ここでの「なにもしないこと」とは、不活発な状態ではありません。恐れ、怠慢、優柔不断などの無意識状態とは、もちろん対極に位置します。真の「なにもしないこと」には「手放していること」、「無抵抗であること」、「意識がはっきりと目覚めていること」が要求されるのです。

「手放すこと」の境地に達していれば、行動をとるべき時に、思考に基づいて反応することはありません。かわりに、「在る」意識に基づいて行動します。「手放すこと」の境地にある人は、非暴力主義を含め、どのような観念にもしばられていません。その人がどんな行動に出るか、誰も予想すらできないのです。

エゴは、抵抗することが、強さの証だと信じています。ところが、真実は逆なのです。抵抗こそが、わたしたちを、唯一のパワーの源である、「大いなる存在」から切りはなしてしまうのです。抵抗は弱さであり、強さという仮面をかぶった恐れにほかなりません。エゴは「大いなる存在」のパワー、純粋さ、いつわりのない姿を、弱さとみなしています。なんとも皮肉なことに、エゴが強さとみなしているものが、弱さなのです。そのために、エゴは持続的に抵抗し、真のパワーである「大いなる存在」を「弱さ」とみなして、それをおいかくそうと、「にせの自分」を演じているというわけです。

「手放すこと」をしないかぎり、自分でも気づかないうちに、「にせの自分」を演じるゲームが、人との交流の大半を占めてしまいます。「手放すこと」をしたならば、「にせの自分」の仮面や、エゴを防衛する必要はありません。あなたは、極めて「シンプル」な人間になり、より「本物」に近づきます。

しかし、ここで、エゴはきっと、このように抗議するでしょう。「『にせの自分』をやめるとは、なんて命知らずな！　おまえはきっと、傷つくことになるぞ」と。手放すことによって、人は「裸」になり、「傷つきやすく」なります。しかし、そのようにしてはじめて、「ほんとうの自分」がカラを破って姿を現わし、「ほんとうの自分は、決して傷つかないのだ」ということを発見するのです。

第9章

病気と苦しみを変容させる

病気はさとりをひらくチャンス

「手放すこと」は、無条件で、心から「すでにそうであるもの」を受けいれることです。受けいれるのは、「いま、この瞬間」の自分の人生です。「人生の状況」と呼んでいるものではありません。ふたつの違いは、もう、おわかりですね？

病気の意味するところを、お話ししましょう。病気も、「人生の状況」の一部にすぎません。「人生の状況」であるからには、過去と未来に関連しています。「いまに在る」ことによって、「いまのパワー」が発揮されないかぎり、過去と未来は、一本につながった時間軸をつくります。ご存知のとおり、「人生の状況」を構成する、さまざまな出来事の根底には、真実の「なにか」が存在します。それは、かたちや時間を超えた「いま」に在る、「大いなる存在」です。

「いま」には、なんの問題も存在できないように、病気も存在できません。あなたの症状に誰かが貼りつけるレッテルを信じる気持ちが、その症状にパワーを与え、その症状を維持させているのです。すると、一時的なバランスの崩れは、あたかも確固とした事実であるかのようになってしまいます。症状を確立してしまうだけでなく、症状に時間を与えてしまうことにもなります。

「いま、この瞬間」に意識を集中させ、症状にレッテルを貼るのをやめれば、「病気」と名づけられるものは、「身体的痛み」、「虚弱」、「不便さ」（またはハンディキャップ）のうちの、いずれかに絞られるはずです。その症状が、あなたが「いま」抵抗するのを、やめるべきものです。これは、「病気をあきらめる」という意味ではありません。苦しみを、「いま、この瞬間」へと自分を追いつめ、強烈に「在る」状態へと導くための、原動力とするのです。さとりをひらくために、活用するのです。

「手放すこと」は、直接的には、「すでにそうであるもの」を変容させません。「手放すこと」で、わたしたち自身が変わるのです。わたしたちが変わる時、わたしたちの住む世界も、すべて変わります。くりかえしになりますが、世界は意識の投影にすぎないからです。

病気は、問題ではありません。エゴ的意識が人生をコントロールしているかぎり、問題なのは、その人自身です。病気をかかえていても、からだが不自由でも、自分に落ち度があるのではないか、と感じたり、罪悪感を持ったりしないでください。「なぜ、こんな不当な目にあわなければならないのか」と、人生を恨んでもなりません。このような態度は、すべて一種の抵抗です。

もしも、現在、重病をわずらっているならば、さとりをひらくために、それを活用しましょう。人生で起こる「悪いこと」のすべてを、さとりをひらくために、活用するのです。「いまに在る」ことで、病気から時間の概念をとり去るのです。病気に過去や未来を与えてはなりません。強烈に「いま、この瞬間」に在る状態へと、自分を追いつめるために使うのです。それから、どのような変化が起こるかを、見守りましょう。

わたしたちはみんな、錬金術師になれるのです。「卑金属」を「黄金」に、「苦しみ」

を「意識」に、「悲劇」を「さとり」に変容させるパワーを、持っているのですから。
中には、深刻な病気に苦しんでいて、わたしが述べたことに、腹を立てている人もいるかもしれません。そのような人は、病気を自分のアイデンティティの一部にして、「病気のわたし」を防衛していることになります。しかも、そうすることによって、同時に病気そのものをも、守っているのです。「病気」というレッテルが貼られた症状は、「ほんとうの自分」とは、本来、なんの関係もありません。

災難がふりかかってきた時、または、途方もなく「まずいこと」が起こった時は、その出来事には別の側面があることに、気づきましょう。出来事とは、病気、からだが不自由になること、家・財産・社会的地位を失うこと、親しい人との別離、愛する人の苦しみや死、自分の死期が迫っているなど、さまざまです。そんな時には、悲嘆にくれるのではなく、「自分は、素晴らしいことの、ほんの一歩手前にもいるのだ」ということに、気づきましょう。なぜなら、痛みと苦しみという「卑金属」を、「黄金」に変える、錬金術的な変化を起こす、一歩手前にいるからです。その一歩は、「手放すこと」と呼ばれているステップです。

前述の状況にある人が、幸福であるとは、もちろん言いません。おそらく、幸福ではないでしょう。しかし、「手放すこと」をすれば、恐れと痛みは、内奥にある「大いなる存在」からわき上がる「心の平安」へと、変わってしまいます。これが、「人智の及ばない神の平和」です。これに比べれば、幸福などは、とても薄っぺらなものです。

「心の平安」は、内面の深いレベルで感じられるものであり、思考のレベルでとらえられるものではありません。この境地にある時、「わたしを破壊することはできない。わたしは不滅だ」と知ります。これは、信じる、信じないという概念ではなく、証明する必要のない確固たる真実です。

苦しみを平和に変える方法

たしかに、「いま」を受けいれるのが不可能なほど、むごい状況というものがあるでしょう。それでも、わたしたちには、「手放すこと」をおこなうチャンスが与えられています。

まず、「すでにそうであるもの」を、その都度ありのままに受けいれることが、わたしたちに与えられている、最初のチャンスです。「すでにそうであるもの」を、「そうでないもの」にくつがえすことはできないのです。「すでにそうである」のですから、「Yes」と言って受けいれるか、「そうでないもの」を潔《いさぎよ》くあきらめるか、どちらかしかありません。こうして心の抵抗をとりはらってから、状況に応じて、自分のすべきことをおこなえばいいのです。

「すべてをありのままに受けいれる」という境地に達していれば、もう、ネガティブ性、苦しみ、不幸をこしらえることはありません。もがきやあがきのない、無抵抗、優美、陽気な心で生きられます。たとえば、状況が耐えがたいほど苛酷《かこく》であって、それを受けいれられず、十分に「いまに在る」ことができないと、痛み、苦しみをこしらえてしまいます。わたしたちの目には、状況が苦しみをこしらえているように見えますが、実際にこしらえているのは、状況に抵抗している、自分自身なのです。

それでは、「手放すこと」ができる、次のチャンスについてお話ししましょう。外界の状況が受けいれられないなら、せめて内面にあるものを受けいれてください。つまり、心の苦しみに抵抗しないことです。心の苦しみを、あるがままにほうっておきましょう。悲嘆、絶望、恐れ、孤独など、苦しみが、どのようなかたちで表われようとも、それをありのままに、受けいれるのです。レッテル貼りをせずに、観察するのです。悲しみの感情を、そのまま抱きしめてあげなさい。そうすれば、「手放すこと」によって、深い苦しみが深い平和に変わるという、奇跡が起こります。

ただし、痛みがあまりにも深い時には、「抵抗するな」「手放しなさい」と、どんなに自分に言い聞かせても、空回《からまわ》りしてしまいます。そんな時は、「手放すこと」を、しばらくのあいだ忘れましょう。人間というものは、痛みが極端な時は、それを受けいれようとするよりは、そこから逃げ出そうとしてしまうからです。自分の感情と向き合うことを、恐がってしまうのです。

しかし、痛みを避けたところで、逃げ場はなく、解決策にはなりません。にせの逃げ場ならば、仕事、酒、麻薬、怒り、八つ当たり、抑圧など、数多くあります。けれども、これらに走っても、痛みから解放されません。痛みをきちんと観察しないかぎり、痛みは軽減されないのです。

心の痛みを否定すると、人間関係はもちろん、行動も思考も、すべて痛みに汚染されてしまいます。痛みを持つ人は、ネガティブなエネルギーを発していますが、これは、ウィルスをまき散らすのに似ています。この人のネガティブなエネルギーを、周りの人たちも、潜在的にキャッチしてしまうからです。痛みのエネルギーを受けとり、心を痛めている人もいるでしょう。

ネガティブなエネルギーをキャッチした人自身も、無意識に生きている場合には、「痛みのエネルギーを発している人を攻撃したり、傷つけなければならない」という、強迫観念に駆られたりもします。人はみな、自分の内面の状態にふさわしいものを引きよせ、現実化しているのです。

たとえ、「逃げ場」はなくても、「痛みを克服する方法」は、必ずあります。ですから、痛みから目をそむけてはなりません。それに立ち向かうのです。それを十分に感じるのです。それについてあれこれ考えるのではなく、感じるのです。必要ならば、それを表現してください。ただし、頭の中で、いろいろなシナリオを書くのは、やめましょう。痛みの原因と思われる人物、出来事、状況に注意を向けるのではなく、注意をすべて、自分の感情に向けるのです。

思考は、痛みをもとに「被害者アイデンティティ」をつくりだそうとしますが、そうさせてはなりません。自分を哀れんで、「かわいそうなわたし」の話をすると、自分で自分を、苦しみという檻の中にとじこめてしまうからです。痛みから逃げることはできないため、痛みを変える唯一の方法は、痛みの中にはいりこむことです。そうしなければ、なにも変わりません。

頭でレッテルを貼らずに、自分の感情に、意識のすべてを向けてください。心の中にはいる時には、かなり注意が必要です。最初、そこは真っ暗で恐ろしい場所に思われます。そこから逃げ出したい衝動に駆られても、ぐっとこらえて、観察しましょう。痛みを、観察しつづけるのです。悲嘆、恐れ、恐怖、孤独など、そこにあるものがなんであれ、それを感じつづけましょう。気を抜かずに集中し、「いま」に在りましょう。全身の細胞すべてで、「いま」に在りましょう。こうすることによって、暗闇を光で照らしているのです。これが、意識の炎です。

この段階までできたら、「わたしはほんとうに痛みを手放しただろうか?」と、心配する必要はありません。「手放し」は、すでに成功しているからです。「完全に意識を向けること」自体が、「完全に受けいれること」であり、「手放すこと」だからです。意識を完全に向けることで、「ほんとうの自分のパワー」、あるいは「いまのパワー」を使ったのです。このパワーを使えば、抵抗は、消え去るよりほかに道がありません。「いまのパワー」は、時間を取りのぞくからです。時間がなければ、痛みなどのネガティブ性は、心に住むことはできません。

苦しみを受けいれることは、「死への旅」とも表現できます。深い痛みを経験した時に、それをありのままに受けいれ、意識を向けることは、自分の意志で「死」の中にはいっていくことだからです。この「死」は、もちろんわたしたちがふだん使っている「死」とは意味が違いますが、この「死」を体験してしまうと、「一般的な意味の死など、もともと存在しない」、ということに気づきます。この気づきによって、結果的に、「自分には、恐れるべきものなど、なにひとつない！」という認識に、到達します。死ぬのは、エゴだけなのです。

太陽の光線の一筋が、太陽の一部だということを忘れ、太陽以外のなにものかになろうとしたり、太陽以外のアイデンティティを守ろうと、必死になったりしているところを想像してごらんなさい。このような思い違いがなくなれば、途方もなく大きな解放感が得られるとは思いませんか？

あなたは、楽な「死」を望んでいますか？ 痛みにもだえ苦しむことがない「死」があればいいのに、と思いますか？ それならば、すべての瞬間に、過去を捨て去りましょう。そして「ほんとうの自分」だとみなしている、重苦しい、時間にしばられた「にせの自分」を、「在る意識の光」で輝きに変えるのです。

「選択すること」の意味

ほんとうの意味で「選択する」ためには、本来、意識の活動、それも高いレベルの意識の活動が要求されます。高次の意識活動ぬきでは、わたしたちは、ほんとうはなにも選択していないのです。「いまに在る」ことによって、思考の反応のパターンを自分から切りはなすことができるようになり、ほんとうの意味の「選択」が、可能になります。ほんとうの意味で「選択」していない人は、「無意識に」生きています。パターン化した思考が、その人の感情、行動を決めているからです。

痛みや機能不全の人間関係を、自分から選択する人はいません。それなのに、それが起こってしまうのは、過去を溶かせるほど十分に「いま」に在らず、暗闇を照らせるほど、意識の光をはなっていないからです。完全に「ここ」に在《い》ないからです。まだ、きちんと、目を覚ましていないからです。

あなた自身も、大勢の人々のように、パートナーと問題を抱えていて、相手の言動に怒りを抱いていますか？

もしも、そうならば、あなたは「相手は別の行動をとることができた」と、信じていることになります。わたしたちにしてみれば、いつも相手が選択肢を持っているかのように思えますが、それは単なる錯覚にすぎません。パターン化した思考が人生を動かしているかぎり、その人は「思考そのもの」なのです。その人に、選択肢はありません。その人は、「ここ」にさえ在《い》ないのですから、選択肢など、持っているはずがありません。

思考とひとつになっているかぎり、機能不全は免れません。程度の差こそあれ、ほとんど誰もが、この「病」をわずらっています。この事実に気づいた瞬間、人に対する怒りは消え去ります。どうして、誰かの「病」に、腹を立てることができるでしょうか。「病」に対して抱くのにふさわしい唯一の心情は、「憐れみ」なのではありませんか？

思考に人生をコントロールされていると、ほんとうの意味で選択していないので、無意識に行動してしまいます。すると、無意識の行動によって、痛みや苦しみをこしらえてしまい、結局は「ツケ」が回ってきて、自分自身も苦しむことになります。恐れ、衝突、問題、痛みの重荷を、背負うことになるのです。

しかし、このようにしてつくられた苦しみが、最終的に、本人を無意識状態から引っぱり出す可能性も、もちろんあります。

「ほんとうの自分」のアイデンティティを、過去から引き出しているうちは、他人はもちろんのこと、自分自身でさえも、ほんとうの意味で許してはいません。唯一のパワーの源泉である「いま」につながって、はじめて真の許しが可能になります。「いま」につながれば、過去は無力になり、「自分がこれまでしたこと、されたことは、ほんとうの自分という輝かしい本質を傷つけるどころか、それをかすりもしなかったのだ」と、心の奥で気づきます。すると、「許し」という概念そのものが、不要になります。

「すでにそうであるもの」を受けいれ、完全に「いま」に在れば、過去はパワーを失ってしまいます。過去など必要なくなるのです。「いまに在る」こと、これこそが、なによりも肝心です。

「抵抗すること」と「思考」とは同じものですから、「抵抗をやめること」、あるいは「手放すこと」は、「思考がほんとうの自分になりすますゲーム」が終わったことを意味します。この時点で、すべての決めつけや、ネガティブ性は消え去ります。思考がおおいかくしていた「大いなる存在」のとびらが、大きく開きます。あなたは、突如として、表現できないほどの平和を体験するでしょう。

しかも、その平和は、素晴らしい喜びを包みこんでいます。さらに、その喜びは、愛を包みこんでいます。さらにその中にも、「なにか」があります。それは、人間の想像をはるかに超えた神聖なものであり、決して名づけることのできない「核」、つまり、わたしたちの「生命」なのです。

Eckhart Tolle（エックハルト・トール）
ドイツ生まれ。13歳までをドイツで過ごす。ロンドン大学卒業後、ケンブリッジ大学研究員および指導教官となる。29歳の時、その後の人生を180度転換させるほどの劇的な霊的体験をする。以降数年間はこの時の体験を理解し、深め、知識として統合するための研究に費やし、魂探求の道を歩みはじめる。カウンセラー、指導者として活躍、世界各地で講演活動も精力的におこなっている。前作『さとりをひらくと人生はシンプルで楽になる』は、カナダでベストセラーになった後、2002年クリスマスの夜、米人気ＴＶショー「オプラ！」で絶賛されたことから、ニューヨークタイムズ紙他で全米ベストセラー第１位を続々と獲得し、彼の教えは世界中に広まった。『世界でいちばん古くて大切なスピリチュアルの教え』、近著『パワーオブナウ 魂が目覚める日々の言葉』（徳間書店刊）も好評。

飯田史彦（いいだ ふみひこ）
人間の価値観について研究する経営心理学者。元福島大学経済経営学類教授。著書に、150万部を超えるベストセラーとなった「生きがい論」シリーズとして、『決定版・生きがいの創造～スピリチュアルな科学研究から読み解く人生のしくみ』『生きがいの創造Ⅱ～永遠の愛・めぐり逢う生命』『生きがいの創造Ⅲ～世界標準の科学的スピリチュアル・ケアを目指して』（すべてＰＨＰ研究所）などがある。現在はカウンセラー、コンサルタント、音楽療法家としても活動中。

本書は『わたしは「いま、この瞬間」を大切に生きます』
（徳間書店刊）の文庫版です。

人生が楽になる
超シンプルなさとり方

5次元文庫004

初　刷　2007年11月30日
17　刷　2025年 7 月25日
著　者　エックハルト・トール
責任翻訳　飯田史彦
発行人　小宮英行
発行者　株式会社徳間書店
〒141-8202　東京都品川区上大崎3-1-1
目黒セントラルスクエア
電　話　編集(03)5403-4344　販売(049)293-5521
振　替　00140-0-44392

印　刷　TOPPANクロレ株式会社
カバー印刷　近代美術株式会社
製　本　TOPPANクロレ株式会社

ISBN978-4-19-906003-8